メコン川には、国境紛争を呑み込む天性が宿っている。答えは出さないが

チェンラーイ市内まで150バーツをめぐって運転手と攻防。行司役は……

ユーコンの圧倒的な秋。やがて
この川をサケが遡上してくる

北極海をめざすデンプスター・ハイウェー。未舗装路が880キロも続く

北極圏の道は、インディアンとカリブーの世界だ

永久凍土のツンドラ地帯に迷い込む。泥の道が延々と続く

長江に架かる橋に、ど派手イルミネーション。いかにも中国？（宜賓）

中国人向けツアーに入って長江を遡る。彼らの騒々しさに辟易（梁平服務区）

左上：大阪を発った新鑑真は３日目の朝、上海へ。船旅のクライマックス？

左中：重慶手前の長寿古鎮で長寿米粉。唐辛子と花椒がダブルで迫ってくる

左下：中国の中年男性は、寒中水泳が大好き。理由？　毛沢東が好きだったから？

サハリンにはロシア風の建物が並ぶ。日本時代の面影はほとんどない

マイナス12度でも露天商は店を出す。食品は自然冷凍の世界？

サハリンの空気には透明感がある。ロシア正教の教会につい足を止める

サハリンの中心、ユジノサハリンスク市内。カラフル外観はモスクワ風だ

マイナス16度でも子供は外遊び。街は意外に活気がある

僕らが借りたアパート。キッチンと寝室の1DKタイプで1日5000円ほど

コルサコフで花咲ガニを買った。日本の4分の1の価格。味は北海道産と同じ

ボルシチをつくってみた。思った以上の優しい味にしあがった

12万円で世界を歩くリターンズ

タイ・北極圏・長江・サハリン編

下川裕治　　写真・阿部稔哉

朝日文庫

本書は、朝日新聞デジタル「&ＴＲＡＶＥＬ」、及び『週刊朝日』の連載を元に、新たに書き下ろしたものです。

12万円で世界を歩くリターンズ

タイ・北極圏・長江・サハリン編

目次

地図／加賀美康彦

12万円で世界を歩くリターンズ

タイ・北極圏・長江・サハリン編

第一章　タイ編

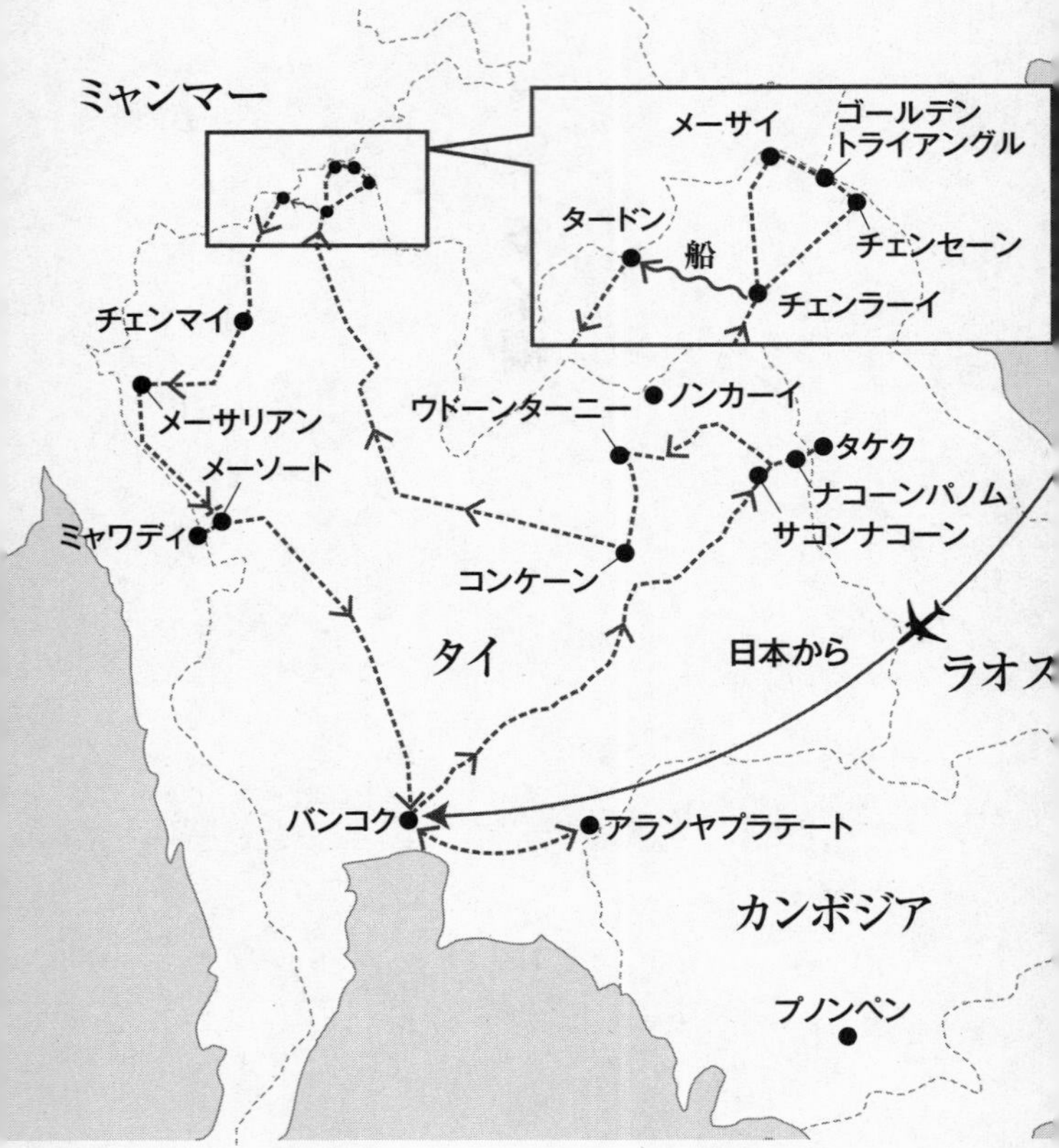
ミャンマー
メーサイ
ゴールデン
トライアングル
チェンセーン
タードン
船
チェンラーイ
チェンマイ
メーサリアン
メーソート
ミャワディ
ノンカーイ
ウドーンターニー
タケク
ナコーンパノム
サコンナコーン
コンケーン
タイ
日本から
ラオス
バンコク
アランヤプラテート
カンボジア
プノンペン

ナコーンパノム行きの夜行バスに乗ったのは、時間の都合がよかったからだけではなかった。メコン川を挟んで、ラオスの森を眺めることができるこの街には特別な思いがあった。

一九九〇年、『12万円で世界を歩く』（朝日新聞社）が発刊された。このビンボー旅行の本が生まれた経緯は、二〇一九年発刊の前作『12万円で世界を歩くリターンズ――赤道・ヒマラヤ・アメリカ・バングラデシュ編』（朝日文庫）で紹介している。その企画が決まり、はじめて出た旅が赤道編である。インドネシアのスマトラ島を通る赤道を、飛行機代から宿代、食事代……と旅にかかる費用すべてを含めて十二万円の予算で挑んだのだ。一九八八年の六月のことだった。

それから遡ることほぼ六カ月。一九八七年の暮れ、僕はナコーンパノムの宿に引きこもっていた。

当時、僕はタイのバンコクに暮らしていた。タイ語を学ぶことが目的だった。タイ人の家に下宿をさせてもらっていた。通っていたタイ語学校は年末年始の休みに入った。日本に一時的に帰るという選択肢もあったが、そんな金はどこにもなかった。タイ語学校に通う月日は四カ月近く続いていた。そろそろバンコクを離れたい気分だった。選んだのがナコーンパノムだった。

メコン川に面した木造の安い宿をみつけた。朝、目を覚まし、近くの食堂で朝食をとる。部屋に戻り、小さな机をごとごとと窓際まで運び、タイ語のテキストを開いた。花文字のようなタイ語の文字を、ひとつ、ひとつノートに書いていく。そして声調に気を遣いながら読んでいく。ふと、視線をあげると、ゆっくりと流れる褐色のメコン川が見えた。その向こうにラオスの森が広がっていた。朝、そこから煮炊きをしている細い煙の筋があがる。ときおり、ニワトリの声がメコン川を渡ってきた。

タイ語を身につける——。それは安易な思いつきだった。フリーランスのライターの仕事は忙しかった。なんでもこなした。バブルの時代である。ときに金融ライターのような仕事も舞い込んでくる。朝日新聞社が発行する『フットワーク』という健康雑誌にもかかわるようになった。そこで肥満とハゲの記事を連載した。その内容が本にまとまった。

あるとき、肥満の原稿を書くときに取材をした会社から連絡が入った。顧問にならないかという話だった。広報的な仕事も含んでいるようだった。

三十三歳になっていた。フリーランスのライターになって五年近くがすぎていた。景気のいい時代で、身入りは想像以上に多かった。出費といえば、年に二、三回、アジアへの旅に出るぐらいだから、十分に暮らすことができた。しかしフリーランスの収入は不安定だった。いつか仕事がなくなるという不安は、夜の電車の窓に映る自分の顔に宿っていた。だからどんな仕事でも断わることはなかった。しかしその日々が、また不安を増幅させた。専門の分野というものがなにもなかった。若いライターは、これから次々に雑誌や本の世界に姿を見せるだろう。気がついたら蚊《か》帳《や》の外にいる姿が仄《ほの》かに見渡せるのだった。

顧問になるという話は蠱《こ》惑《わく》のにおいがした。そして怖かった。どういう形で勤めるにしろ、給料をもらうことになる。フリーランスの不安は解消されるのかもしれない。僕は立ち竦《すく》んでしまった。

それなら専門の分野をつくっていく……。それがまっとうなフリーランスライターの努力目標なのかもしれなかった。日本という風土は、しっかりと積みあげていく人生を評価する。

しかし僕はそうしなかった。仕事を整理し、タイのバンコクに向かう航空券を買った。逃げたのだ。二十代の頃から、こんなふうにして海外に出ることがあった。勤めていた会社を辞め、海外に向かったときもそうだった。しかし内心では、生きていくための羅針盤のようなものがほしかった。俗にいう〝自分探し〟の旅だ。一年近く、アフリカからアジアを歩いたが、旅というものは、そんな答えを出してくれるものではないことを、三カ月目ぐらいに悟った。ただ風景と時間が流れていくだけなのだ。

フリーランスの仕事をいったん辞めてタイのバンコクに向かったときも、なにかの答えを得られるとは思っていなかった。正直なところ、どこの国でもよかった。日本を離れることができれば。しかし三十歳をすぎていた。「仕事を休んで一年ほど海外に……」という言葉を口にしたときの周囲の視線を想像できる年になっていた。そこでタイ語を学ぶというカモフラージュを考えた。これなら波風が立たない。その説明を耳にした編集者は、「これからタイの専門ライターになるつもりだな」と勝手に憶測し、納得してくれるような気がした。しかし僕には、そんなつもりなどなにもなかった。

しかしこのタイ語の勉強に僕は救われた。

いや、タイに救われたのか。

バンコク暮らしがはじまっても、のっぺりとした不安は募るばかりだった。当時はインターネットどころか、携帯電話もなかった。僕の部屋は二階で、一階に固定電話があるだけだった。

「ユージ、トーラサップ」

トーラサップとはタイ語で電話のことだ。下宿の奥さんの声が響くと、どたどたと階段を降りながら、(原稿の依頼？）と心が動いた。自分で日本のマスコミを遠ざけておきながら、その世界からの声を心のどこかで待っているという意気地のなさだった。

バンコクのネタを手紙に書き、日本に送ったこともあった。しかし返事などくるわけがなかった。いや、一度だけ、原稿を書いたことがあった。バンコクの繁華街であるスクムビット通りに、「宮沢りえ」という店名のカラオケスナックがあるという話だった。店に取材に向かうとき、妙にたしかな足どりで歩いている自分に気づいた。

しかし日々苛《さいな》まれていたのは、雑誌や本の編集者からしだいに忘れられつつある自分だった。バンコクは暑いから、夜中によく目が覚める。天井を見あげながら浮かんでくるのは、原稿を渡したときに担当者が見せる、満足とも不満ともいえないぬえのような表情だったりした。

しかしタイ語を勉強しているときだけは、そんな不安を忘れた。学校が終わるのは昼だった。バスで下宿に戻り、いつも机に向かっていた。そのときだけ、安穏とすることができた。なにも考えず、ただ、ただボールペンでノートに書き込んでいった。

そんな僕を、下宿の一家は放っておいてくれた。この家の奥さんの弟と、日本で知り合った。居酒屋の皿洗いをしていた。不法就労者だった。僕がタイに向かったとき、彼はすでに帰国していた。タイに戻った彼を訪ねると、「この家に下宿をすればいい」といわれた。彼は姉の家の居候になっていた。下宿の主人や奥さんは、彼から僕の素性は知らされていただろうが、タイ語学校に通う理由をよく知らなかったはずだ。僕自身、理解しやすく話すことができなかったし、互いの言葉の壁もあった。しかし学校に三カ月も通えば、日常会話以上の言葉が身につく。しかし下宿の人たちは、なにひとつ訊いてはこなかった。日本の家庭のこと、そして仕事のこと……彼らはなんの関心もないかのようにふるまってくれた。

タイ人は杜撰《ずさん》だが、妙に繊細なところもある。約束の時間は守らないが、それを咎《とが》める日本人の顔つきはよく覚えている。だからといって、時間にタイトになるわけではないのだが。

はじめは単なる無関心なのだと思っていたが、下宿の主人や奥さんは、シチュエーションはわからなくても僕がある種の不安症に陥っていることを察しているのではないかと思うようになった。だから無関心を装っている。それはありがたいことでもあった。

薄紙を剝《は》ぐような感覚だったが、僕は少しずつ落ち着いていったようにも思う。ナコーンパノムでは四日ほど引きこもっていたが、そのうちにバンコクの下宿が恋しくなってきた。それがバンコクマジックなのかもしれなかった。

『12万円で世界を歩く』の企画を立案した『週刊朝日』編集部の森啓次郎氏も、休暇をとり、バンコクにやってきた。一九八七年の十月頃だったように思う。そのとき、彼は、この旅の企画の話はしなかった。まだアイデアが生まれていなかったのかもしれない。午前中は授業があったから、昼すぎに落ち合い、屋台でそばを啜《すす》り、夜はビールを飲んだ。彼が当時の僕をどう見ていたのかはわからない。おそらく、「こいつは、金がなくなって帰ってくるな」と踏んでいたのかもしれない。

実際、その通りになった。バンコクでは仕事をしていないのだから、当然、持参した資金は底を突く。わかっていたこととはいえ、これからどうしようかというめどすらなく、ひっそりと成田空港に戻ってきた。

帰国後、『週刊朝日』の編集部に顔を出した。そこで森氏はこういった。

「下川君、金、ないだろ」

「はッ、はい。ありません」

「実はこういう企画があるんだけど……」

そこで明かされたのが、『12万円で世界を歩く』というグラビア企画だった。

編集者というものはいつも冷徹である。森氏は、僕が金が尽きて帰ってくるのを、ヘビのような目で待っていたのだろうか。

「こういうきついビンボー旅行の企画は、先のことも考えずに、バンコクにふらっと逃げてしまうような奴じゃないと引き受けないだろうなぁ」

そういうことだったのだろうか。

しかし当時の僕は、そんな冷静な分析ができなかった。正直なところ、森氏が伝える企画の意図も十分に理解していなかったような気がする。仕事があれば、なんでもよかった。

金がなかったのだ。

バンコクの北バスターミナルはモーチット・マイと呼ばれている。ドーンムアン空港から頻繁に発車するエアポートバスの終点だった。日本からはLCCのスクートを使った。往復で二万九千二百四十三円。三十年前は往復で七万三千円もかかっている。浮いた額は四万三千円を超える。やはりLCCは画期的だった。タイの物価はじりじりとあがっている。三十年前、クイッティオと呼ばれるそばは十五バーツだった。当時のレートで七十一円。いまは五十バーツ、約百八十五円もする。約二・六倍。ところが日本とバンコクを結ぶ飛行機は四万円以上も安くなっているのだ。

インターネットを通してLCCの航空券を買いながら、

「これは楽勝かもな」

とモニターに向かって呟《つぶや》いていた。『12万円で世界を歩くリターンズ』。旅の予算は、三十年前と同じ十二万円だった。

バンコクを発ったバスは、イサーンと呼ばれる東北タイに向かって進んでいく。バスは三列シートのゆったりサイズだった。背もたれもかなり倒れる。夕食にはコンビニで売られているガパオライスの弁当を電子レンジで温めたものが配られた。昔のバスに比べれば、設備やサービスはずいぶん向上した。時速は常に八十キロ前後。運転も安全になった。しかし夜行バスは夜行バスである。眠りは浅い。寝不足の重い体を抱えて、ナコーンパノムのバスターミナルに着いた。

雨季も終わりに近い八月末の朝七時すぎ。夜に雨が降ったようで、道は濡れていた。

見ると一台のバスの前に、二、三十人の人だかりがあった。バスのフロントガラスの上には、ラオスのタケク行きの国際バスと英語で書かれていた。タケクはナコーンパノムとはメコン川を挟んで対岸にある街だった。

「行ってみようか」

同行する阿部稔哉カメラマンに声をかけた。

三十年前、『12万円で世界を歩く』の旅で、タイの国境地帯をぐるりと一周した。タイはカンボジア、ラオス、当時はビルマと呼ばれたミャンマー、マレーシアの四カ国と国境を接していた。このなかで越えることができたのは、マレーシアとの国境だけだった。その旅では、越境が難しい国境に沿ってぐるりとまわったわけだ。ナコーンパノムのメコン川に沿った安い宿に引きこもっていたときも、僕はラオスを眺めることしかできなかった。ラオス国内で起きていることも、タイにはあまり伝わってはこなかった。

夜行バスの座席操作はこのパネルで。ボタンが多いが、機能は多くない

バスで出たのは激辛で知られるコンビニのガパオライス。涙、必ず出ます

一九五三年、ラオスはフランスから独立した。しかしその後、社会主義を標榜《ひょうぼう》するパテト・ラオ、アメリカの支援を受けた反対勢力などの間で長い内戦状態が続いた。転機はベトナムからもたらされた。サイゴンが陥落し、ベトナムが社会主義の国として統一された年、王政を廃止し、社会主義国としてのラオスが誕生した。

ベトナムがソビエト連邦の影響を強く受けたように、ラオスもまたソ連寄りの国だった。東西冷戦の時代だった。ラオスは東側の国になったわけだ。社会主義系の国々が次々に生まれるなかで、アメリカはタイを援助し、東南アジアの左傾化を防ごうとする。ラオスとタイの間では領土紛争も起きていた。

その緊張状態が終わっていくのは一九八〇年代の後半である。一九八九年、地中海のマルタでの米ソ首脳会談によって、東西冷戦は終結した。

ラオスとタイの国境地帯を歩いたのはその年だった。九月のことだ。それから三カ月後にマルタ会談が開かれることなど、一介のフリーランスのライターには想像もできなかった。当時の僕の頭のなかは、東西冷戦状態のままだった。三十年前、ナコーンパノムにやってきた僕は、それが決めごとのように、土手に立ちメコン川を眺めていた。

東西冷戦の終結は、東南アジアの国々の間にあった緊張もほぐしていく。ラオスとタイの関係も雪解けを迎えることになる。人の行き来も盛んになっていく。そして二〇〇七年、観光目的の日本人は、ビザなしで国境を越えることができるようになった。

メコン川に橋も架けられはじめていく。ナコーンパノムとタケクの間に立派な鉄筋コンクリート製の橋が架かったのは、二〇一一年のことだった。

バスの切符売り場で訊くと、タケク行きのバスは八時半に出発するという。そこに時刻表が掲げてあった。一日八本のバスが運行していた。運賃は七十五バーツ、約二百八十八円。なんだか気が抜けるほどの気軽さが伝わってくる。乗客の大半はラオス人だった。荷物が多い。身のまわりの物というより、段ボール箱や大きなビニール袋。ボディ下の荷物室には入りきらず、最後部の座席にも積みあげられていた。買いだしのようだった。前日にやってきて、タケクで売れそうなものをナコーンパノムの街で調達したようだった。バスで運ばれた雑貨や衣類が今日、タケクの店に並ぶのだろう。国境の小商いだった。

バスは十分ほど走り、タイ側のイミグレーションで停まった。そこで出国スタンプを捺《お》してもらい、再びバスに乗り込んで十分。橋の中央に出た。眼下を褐色の水がゆっくりと動いていた。

この川を渡るときは、いつも同じ言葉を呟いてしまう。

（この川がなかなか越えられなかったんだ）

若い人は、それがあたり前のように川面を眺めるのかもしれないが、越境が許されず川原から指をくわえながらラオスを見つめていたことが何度もある僕にしたら、やはり胸が高なってしまうのだった。

バスはほどなくしてタケクのバスターミナルに着いた。タイに比べると一段とローカルな雰囲気で、バスターミナルというより市場のようだった。一応、土産物ということらしいのだが、まだ毛がついた動物の皮や薬になるのか木の根のようなものがどんと置かれている。旅の鞄が天井近くまで吊るされている。バスターミナルまで来て、鞄を買う人がどれだけいるのかと首を傾げてしまう。

次のバスでタイ側のナコーンパノムに戻るつもりでいた。三十年前のルートをなぞるという意味では、ラオス入国は今回のオプションのようなものだった。まだ先の道のりは長い。ラオス入国の記念にと、そばを食べることにした。

ラオスのそばの味は、基本的にはタイに似ている。違いといえば具だった。タイのそれは、練り物や肉、揚げワンタンなどが多いが、ラオスはかごや皿に山盛りの葉物野菜が添えられる。客はそれを麺の上に載せ、しんなりとさせて麺と一緒に啜

ナコーンパノムのバスターミナル。30年前との違い？　スマホでしょうか

ラオスのカケク行きのバス切符。朝８時半のバスは５バーツの追加料金

メコン川は東南アジアの動乱を呑み込むように流れ続けてきた。この流れだ

る。どちらかといえば、ラオス風のほうが好きだった。

近くにはフォーの看板もあった。バスターミナルの行き先表示には、ダナンやフエといったベトナムの都市名が掲げられていた。タイ側だけではなく、ベトナム方面への国際バスも発着していた。その道は東西経済回廊とも呼ばれていた。ベトナムからラオス、タイ、ミャンマーを東西に結ぶ。国連主導の経済構想を支える道筋でもある。

三十年間、これらの国々をわける国境は固く閉ざされていた。このエリアの三十年は、政治の時代から経済の時代への変換期だったということだろうか。

タイに戻るバスに乗った。不安があった。タイ入国がスムーズにいくかどうかだった。

タイには観光ビザで働く欧米人や日本人、韓国人などがかなりいる。日本人は一、二万人はいるのではないかといわれている。正規に働くビザがなかなかとれないという人もいるが、労働ビザをとってしまうと、しっかりと働かなくてはならないという理由もある。日本ならアルバイト暮らしでも問題はないが、外国ではそうもいかないのだ。しかしタイが好きでやってくる日本人のなかには、のんびり暮らしたい志向の人が少なくない。それは欧米人や韓国人も同じで、観光ビザでそっと、そ

メコン川を越えただけで、店に並ぶ品々から土のにおいが漂ってくる
ラオスのそば。そばを啜っているのか、野菜を食べているのか……混濁感がいい

して適当に働くという暮らしになびいていく。しかし観光ビザにも期限があるから、それを更新するために海外に出る。その出費はできるだけ抑えたいから、隣国に陸路を伝って出国することになる。それを繰り返していけば、二年ぐらいは滞在することができた。

タイで働く外国人は、しっかりした人……という期待がタイ政府にはあるのだろう。それは当然のことだ。しかしタイという国に日本人や欧米人は別のイメージを抱いている。しっかり働かなくても、なんとか生きていける国ではないかという憧れに近い印象を抱いている人も多い。タイという国は、そのイメージで、ずいぶん得をしている気がするが、だからといって無資格で働く外国人を野放しにしておくわけにはいかない。タイ政府はこれまでも、何回となく、そんな外国人にタイを諦めてもらう方策を出してきた。

そのひとつが、タイへの陸路入国を年に二回までと制限したことだった。僕はタイで働いているわけではないが、陸路国境をよく通る。そのほうが安いからだ。僕も陸路入国の回数に気を遣わなければいけなくなった。

もうひとつの制限は、この旅に出る三カ月ほど前に知った。タイのアランヤプラテートからカンボジアのポイペトに向かった知人が教えてくれた。

「カンボジア側で一泊以上しないと、タイに戻ることができないっていわれたんです。カンボジア入国は諦めました」

バンコクで働いている外国人は、仕事が休みの日曜日に、隣国に出て、タイに再入国する人が多い。それが可能な国境は、バンコクからいちばん近いアランヤプラテートとポイペトの間に敷かれた国境だった。そんな日帰り出入国を制限するルールだった。

ナコーンパノムに来るまで、ラオスのタケクまで足をのばすつもりはなかった。三十年前は国境を越えることができなかったから、ナコーンパノムからメコン川岸を北上し、ノンカーイに向かった。そのルートをなぞるつもりだった。ところがナコーンパノムのバスターミナルに着くと、ラオスのタケク行きのバスが停まっていた。タイへの入国ルールのことをつい忘れ、メコン川を越えてしまった。

タケクから戻るバスのなかでパスポートを開く。その年、タイに陸路で入国した記録はなかった。あとは一泊せず、とんぼ返りでタイに戻ることを許可してくれるか、どうか。もしだめなら、タケクに戻らなくてはならない。橋を渡り終え、バスはタイのイミグレーションの前に停まった。列に並んだ。記入した入国カードと一緒にパスポートをそっと出す。沈黙……。緊張する。パスポートを受けとった女性

これ、僕の緊張した様子です。理由は本文で（タイ入国審査手前で）

職員はパスポートをスキャンし、顔をあげた。

「カメラのほうを向いてください」

笑顔だった。

ほッとした。

とんぼ返りタイ出入国を禁止しているのは、アランヤプラテートとポイペト間の国境だけのようだった。観光ビザで働く外国人は、この国境に来ればいいじゃない、と一瞬思ったが、夜行バスの往復になるのだろう。体がきついということか。

舞い戻ったナコーンパノムのバスターミナルで、この先のルートを訊いてみた。三十年前は、ここからメコン川に沿ってノンカーイに向かっている。切符売り場の女性からこういわれた。

「その路線のバスはもうありません。ノンカーイ……まずウドーンターニーに出て、そこで乗り換えですね」

ウドーンターニー行きのバスは一時間に一本の割合で出ているという。もうすぐ出ますと急かされ、わさわさと乗り込んだ。ウドーンターニーに着く時刻を訊くと五時間も走るバスだった。発車してわかったのだが、完全な路線バスだった。道端のバス停に立っているおばちゃんの前で停まり、学校帰りの高校生や大学生が、アイスカフェラテ片手にどやどやと乗り込み、四つ先のバス停で降りていったりする。このバスが一時間に一本の割合で走っているのだ。

以前、日本でいちばん長い路線バスに乗ったことがある。奈良県の大和八木駅から和歌山県の新宮駅を結ぶバスだった。旅行雑誌の特集取材だった。途中、日本の秘境といわれる十津川村を通っていく。山深い渓谷の細い道をバスは進んでいく。ずいぶん身構えて乗ったものだが、所用時間は六時間ほどだった。ナコーンパノムとウドーンターニーを結ぶバスは、所要時間は一時間ほど短いとはいえ、二百五十キロ近い道のりをなに食わぬ顔で走っていた。途中、スコールにも降られたが、それも織り込みずみといった態《てい》で、さしてスピードも落とさずにイサーンの大地を進んでいく。なにかバスというものへの感覚が日本とは違うような気がしてしまう。

ウドーンターニーに着いたとき、すでにたそがれどきだった。なんだかがっくりと疲れてしまった。六十代も半ばの年齢である。昨夜の夜の九時からバスに乗り続けている。その時間は二十時間を超えている。若い頃から貧しい旅ばかり続けてきたから、長距離バスには慣れているとは思うのだが。

もうひと頑張りでノンカーイである。近くにいた男性に訊くと、ノンカーイ行きのロットゥーという乗り合いバンがセントラルデパートの前から出るという。急いでトゥクトゥクという三輪タクシーで向かうと、歩いても三分もかからない場所だった。なんだか悔しい思いで五十バーツ、約百八十五円を払い、切符売り場に行くと、最終便が三十分後に出ると教えられた。

「最終か……」

輝きを増すセントラルデパートのネオンを見あげながら呟いた。実は翌朝、ノンカーイとは逆方向のコンケーンから、北タイのチェンラーイに向かいたかった。昔、その路線に乗った記憶があった。タイの長距離バスは、地方都市とバンコクを結ぶ路線は充実している。一日に何便もある。タイの長距離バスは、すべての道はバンコクに通ずといった傾向がある。ところが地方都市間は急に寂しくなる。コンケー

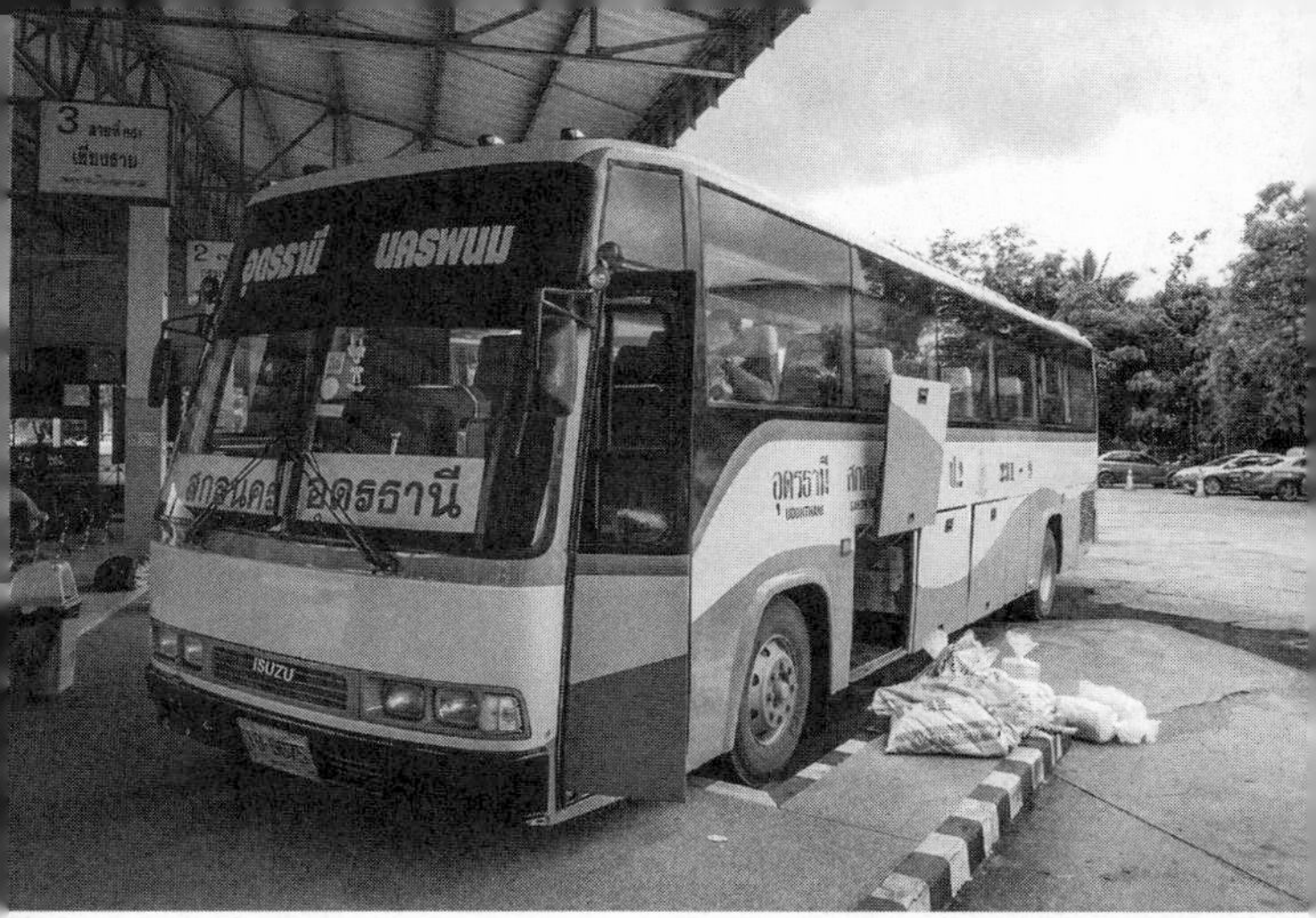

ナコーンパノムからウドーンターニーに向かうバスは、スコールを２回浴びた

雨季も終わりに近い。積乱雲の下はスコールだろうか

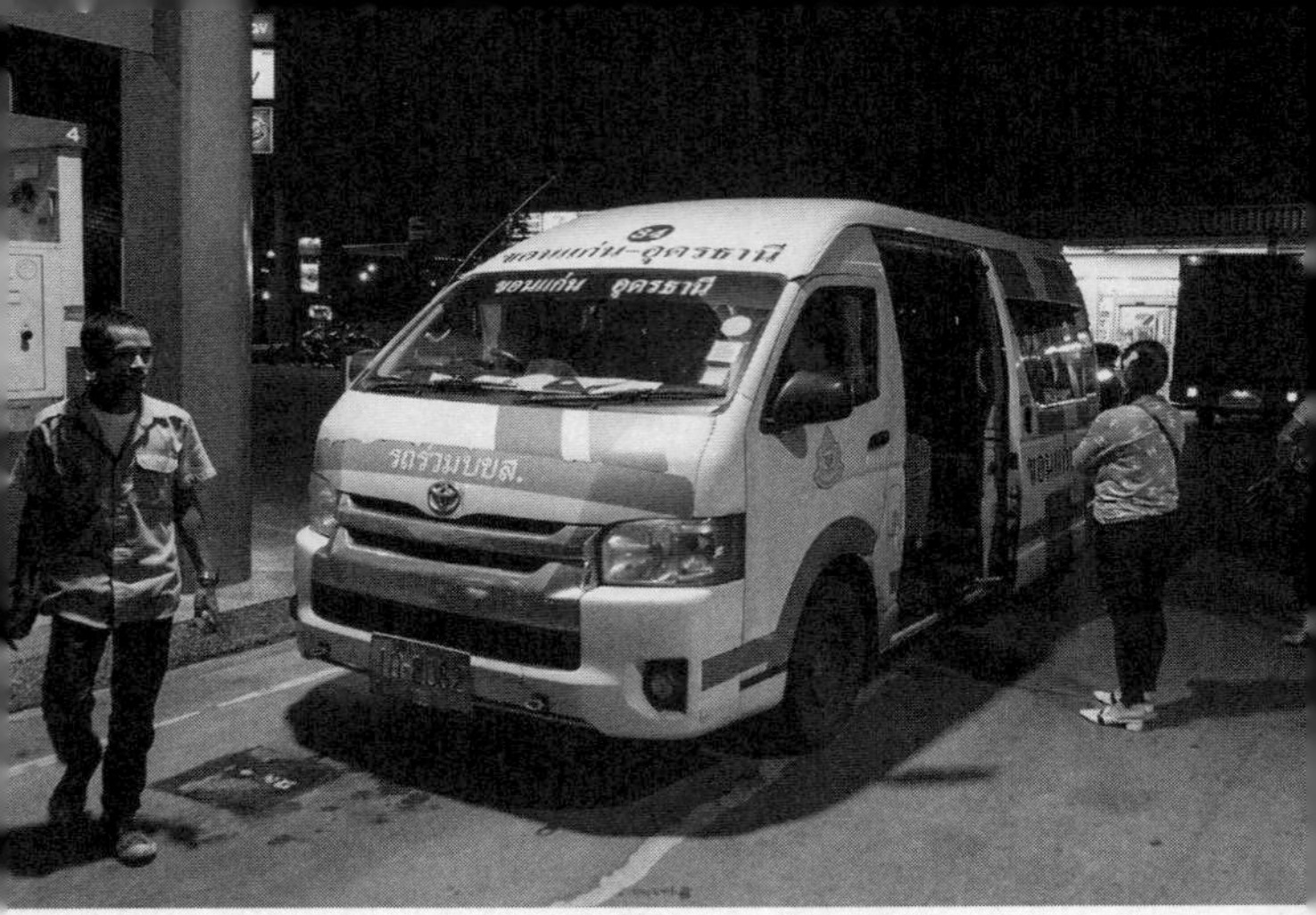

このロットゥーでコンケーンへ。仕事帰りの人向けの通勤ロットゥーだった

ンとチェンラーイを結ぶバスは一日一便。それも朝に一便があるだけだった。いまは便数も増えている可能性もあったが、できれば今晩、コンケーンまで辿り着きたかった。つまりいったん北のノンカーイに向かい、そこからウドーンターニーに戻ってコンケーンに向かうことを目論んでいたのだ。老体に鞭打つような旅になるが、日数的にはだいぶ楽になる。

しかしノンカーイ行きのロットゥーが最終便ということは、コンケーンどころか、ウドーンターニーに戻ることもできないだろう。ノンカーイに一泊し、翌朝のロットゥーでコンケーンまで向かっても、チェンラーイ行きには間に合わない気がした。

　少しルートがわかりづらいかもしれない。一〇ページの地図を見ながら読み進めてほしいのだが、三十年前とはバス路線が変わってしまったから、こんな非効率な旅になってしまうのだ。

「ノンカーイまで行ってしまうと、北タイのチェンラーイに着くのが一日遅れると思う」

　阿部カメラマンに話しかけた。

「先はまだまだありますしね」

「ノンカーイは端折《はしょ》るか。三十年前のコースを辿るのが筋なんだけど、このくらいはいいでしょ」

　阿部カメラマンの顔が少し明るくなった。彼も疲れているようだった。彼も五十代である。年に免じて……といったところだった。

　コンケーン行きのロットゥーはバスターミナルからの出発だった。車の脇にカウンターがあり、そこで切符を売っていた。すぐ出発だという。なんだか忙《せわ》しい。ロットゥーがコンケーンに着いたのは夜の九時近くだった。

「ここはいったいどこだろう」

タイのコンケーンにいることはわかっている。しかしホテルの窓から見える風景がタイのそれではなかった。目の前にあるのは、二十四時間営業のマクドナルド。道を挟んで、その向こうにホームプロというホームセンター。木造の建物がなにもないのだ。

昨夜からのことを思い返してみる。

着いたのは知らないバスターミナルだった。どうもコンケーン市内にいくつかあったバスターミナルを、郊外の大型ターミナルに統合したようだった。運よく、翌日のチェンラーイ行きバスの切符売り場が開いていた。やはり一日一便。午前十時半の出発だった。その切符を確保し、ホテルを探した。バスターミナルの案内所で訊くと、歩いて行くことができるホテルは一軒もないという。グーグルマップで調べてみると、市街地までは数キロある。バスターミナルからあまり遠ざかりたくはなかった。地図をスクロールしていくと、市街地に向かう国道沿いにHOP INNというホテルがあった。ネットで検索すると、ツインが一泊七百五十バーツ、約二千七百七十五円。ひとり千四百円もしない。この旅は、安さが最優先だから即決して予約した。

タイのホテルとはとても思えなかった。入ると小さなチェックインカウンターが

この風景は、日本というよりアメリカ？　僕の居場所はもうないらしい

これがいま風のタイの格安ホテル。やがてバックパッカーも泊まることになる？

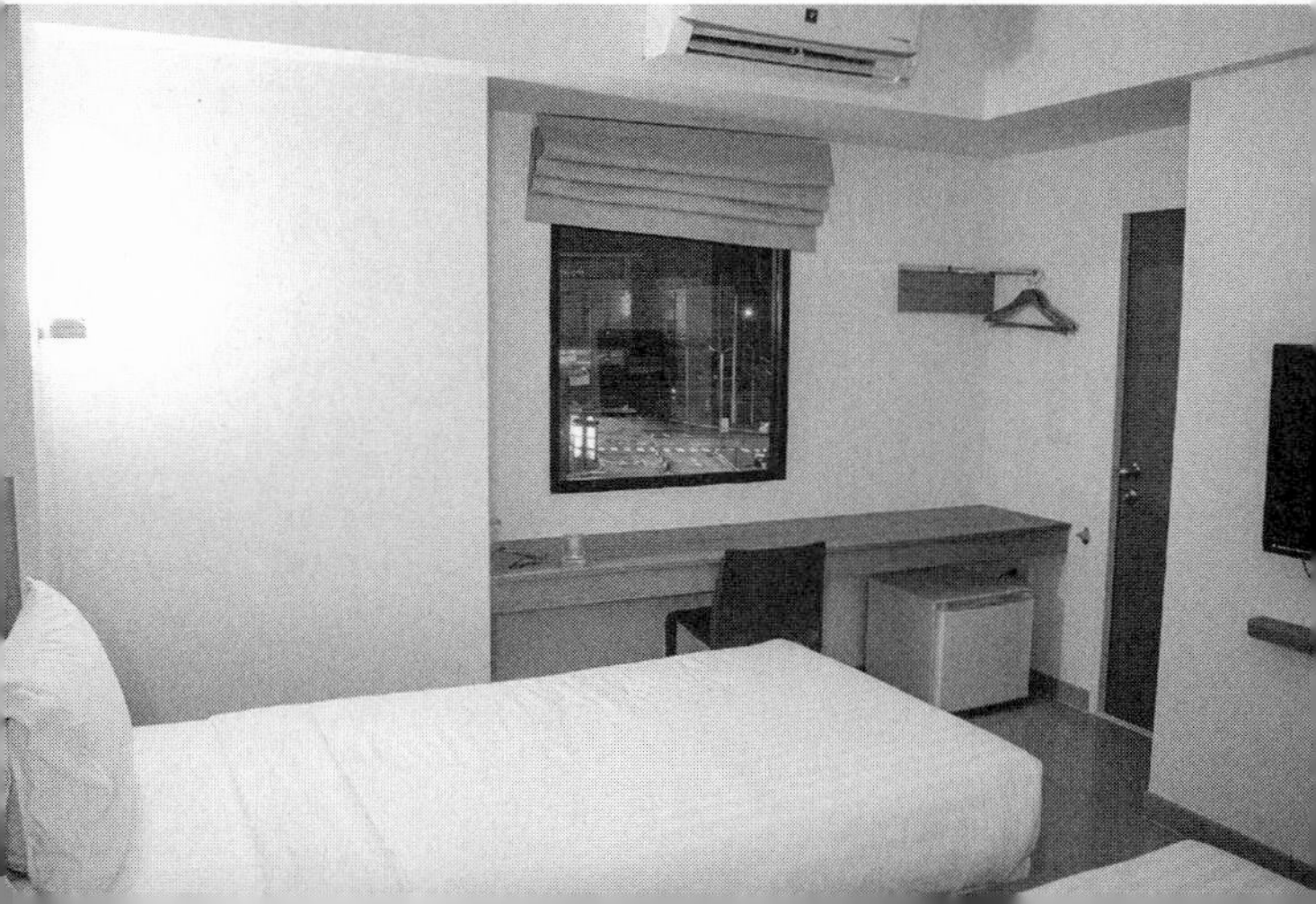

あり、若いスタッフがふたりいた。右側には軽食コーナーがあり、そこにコーヒーマシンが置かれていた。無料で飲むことができるという。チェックインはさくさくと進み、カードキーを手渡される。部屋に入ると、軽い錯覚を覚えた。日本の東横インやアパホテルといったビジネスホテルとレイアウトがそっくりなのだ。シンプルだが、必要なものはすべてそろっているといった感じだ。タイのホテルといえば、高級ホテルから「旅社」という看板を掲げた安宿、ゲストハウスに至るまで、タイがにじみ出ていた。高級ホテルは詳しくないが、チーク系の木材をふんだんに使い、暗めの照明がエキゾチシズムを誘う部屋の写真を何回か見ている。安宿になると、穴の開いた網戸や差し込んでも電気が通じないコンセント、寝る体勢を変えるとぎしぎしと鳴るベッド……。どれも僕にとってはタイだった。しかしＨＯＰ ＩＮＮは、そんなタイがなにもなかった。フロントには、エラワンホテルのグループと書かれていた。エラワンホテルはバンコクにある高級ホテルだ。いまはグランドハイアット・エラワンバンコクというようだが。そのホテルがタイの地方都市に、安いビジネスホテルチェーンを展開しているようだった。その設計で日本のビジネスホテルを参考にしたというか、パクったというか……。

建っているのは、コンケーン市街と新しいバスターミナルの中間あたりだった。

国道から少し入ったところで、広い駐車場もあった。利用客の大半はタイ人だろう。彼らの感性に合わせると、日本のビジネスホテル風ということになってしまうのだろうか。

鼻白むような気分だった。外国人観光客は勝手だから、タイのにおいがまったくしない宿に肩透かしを食らったような気分になってしまう。宿はタイ人向けだから、文句をいってもしかたがないが、なにも日本のビジネスホテル風にしなくてもと思うのだ。

しかし一泊ツインで七百五十バーツは安かった。バンコクの中級ホテルでも千バーツはする。この種のホテルがこれからもタイでは増えていくのだろう。古くなった地方の老舗ホテルや安宿が、この種のホテルに建て替えられていく可能性が高い。台湾の台北駅の北側エリアで、その現実を目のあたりにしてきた。タイもその流れかと思うと、やはり気が重い。

しかし部屋やベッドは清潔で、日本のビジネスホテル仕様だから妙な安心感はある。前夜はバスのなかだった。そして朝から一日中バスやロットゥーに揺られていた。ことッと寝入ってしまった。

そして朝。目の前に広がる風景もタイではなかった。タイの朝といえば、サンダルをぺたぺたと鳴らして屋台に座り、ジョークと呼ばれる粥やバートンコーという揚げパンにコーヒーといった定番朝食をとることが多かった。しかし部屋から目を凝らして見おろしても、一軒の屋台もなかった。

（マクドナルドしかないか）

ホテルの前のマクドナルドに入り、ソーセージマフィンの朝食セットを頼んだ。百五十五バーツ、約五百七十四円。これは日本のマクドナルドより高いではないか。戸惑ってしまった。タイという国は、およそすべてがバンコクに集中している。バンコクの物価は、地方都市より二、三割は高い。バンコクは月に一回ペースで訪ねているから、物価の上昇は目のあたりにしている。しかしここはコンケーンという地方都市なのだ。久しぶりに訪ねたが、どれだけの人が、日本より高いマクドナルドの朝食セットを頼むのだろう。いや、タイはそこまで豊かになったのだろうか。

三十年――。改めてこの年月を嚙《か》みしめる。あのときのコンケーンは、木造家屋が道に沿って並び、屋台からはそばを茹でる湯気があがり、雑貨屋のおばさんが店先で舟を漕ぐ街だった。バンコクにはコンビニができつつあり、マクドナルドもあったが、コンケーンにはなかった気がする。そして路上を古い車やトゥクトゥクが、ばりばりと音をたてて走っていた。

トゥクトゥク？　マフィンを頰ばりながらまた不安になった。ホテルの周辺には、トゥクトゥクだけでなく、バイクタクシーの姿もなかった。十バーツ安くしてよ、などと運転手と交渉する乗り物が、タイという国には掃いて捨てるほどあった。道端に立っていると、トゥクトゥクやバイクがすりすりと寄ってきた。それがタイだった。ところが、その姿をまったく目にしないのだ。コンケーンの街なかに行けばあるのだろうが、このホテル界隈はそんな乗り物とは無縁だった。皆、マイカーで移動するということなのだろうか。

ホテルに戻り、フロントで訊いてみた。

「タクシーを呼びましょうか」

すぐにそんな言葉が返ってきた。タクシーを呼ぶ？　それでは値切り術が使いづらいではないか。値切りというものは、客と運転手の間のキャッチボールである。それを左右するものは、力関係だといっていい。

「そんなに高い運賃を口にするなら、ほかの車を探すよ」

こうして客は運転手より優位に立とうとする。しかしタクシーを呼んでしまっては、その関係が固定されてしまう。ここはタイではないか。少し悔しかったので、タクシーを断わり、グラブという配車アプリを立ちあげた。バンコクでは、スマホで呼ぶグラブのタクシーや車は、一般的なタクシーより三〇パーセントほど高い。運転手が、二五パーセントもグラブの会社にもっていかれるとぼやいていた。僕はあまり使わないのだが、タクシーがなかなかやってこないときなどは便利だった。

スマホに目的地をバスターミナルと打ち込むと、たちどころに七十五バーツという運賃が表示された。約二百七十八円。そして三分もたたないうちに、表示された車が現れたのだった。僕は、「便利になったことはいいんだが……」とふっ切れない気分で、車に乗り込んだ。

チェンラーイ行きのバスは定刻に発車した。ところが一時間ほど走ると、国道の端に停まってしまった。エンジンの調子がおかしいという。以前のタイなら、運転手や車掌が手をまっ黒にしながら修理し、なんとか走らせることが多かった。ところが運転手は、

「代わりのバスが来る」

と、木陰でのんびりと煙草を吹かすのだった。代わりのバス？　そんな余裕が、コンケーンとチェンラーイの間にバスを運行させる会社にあるのだろうか。これまでのタイの旅を振り返ると、運転手の言葉は眉に唾をつけて聞いたほうがいいような気がした。ところが三十分もすると、強い日射しのなか、一台のバスが現れたの

グラブで呼んだ車の運転手は、さわやかタイ青年だった。運転手も世代交代？

だった。本当に代わりのバスが来たのだ。まったく同じタイプのバスだった。これには戸惑った。百五十五バーツのマクドナルドの朝食より衝撃だった。運転手や車掌もそっくり入れ替わる。もうタイはそういう国になっていた。僕は冷房がぎんぎんに効いた車内で、再び悩んでしまうのだった。

代わりのバスは快適に進んだ。やがてペッチャブーン県に入り、高度をあげていく。右手に、ワット・プラタート・パーソーンケーオという寺が見えてきた。この寺の仏像は、五体が合体したようにつくられた不思議なものだ。標高は千メートルほどある。タイ人が大好きな観光地だった。不思議仏像も

ワット・プラタート・パーソーンケーオ。斬新アイデア仏像で知られている

涼しいだけでテンションがあがる単純なタイ人たち。その感覚、わかります

有名だが、気候が涼しいことがなによりだった。タイのスイスとも呼ばれている。しかし昼間の気温は三十度を超え、なんだかスイスに申し訳ないような気にもなるが、暑さにげんなりとしたタイ人がスイスといいたい気持ちがよくわかる一帯だった。

途中のバスの交換もあり、バスがチェンラーイに着いたのは午前零時だった。十三時間半もかかってしまった。

チェンラーイはミャンマーに向かうとき、ときどき訪ねる街である。バスターミナルもわかっているつもりだったが、着いたのは見たこともないターミナルだった。深夜になり人もほとんどいなかった。ベンチで寝ていたおじさんに訊くと、ここは新バスターミナルで、つい最近、オープンしたのだという。市街から少し離れた郊外にあるらしい。

タイの地方都市のバスターミナルは、次々に郊外に移転しているようだった。これから行く先々でも、郊外バスターミナルに着くことが多かった。そのたびに市内までの足代がかかってしまう。いくら安いバスを選んでも、思わぬ足代がかかってくる。

翌朝はチェンセーンからゴールデントライアングルをめざすつもりだった。チェンセーン行きのバスは、市街の古いバスターミナルから出るという。そこまでのトゥクトゥクは一台百五十バーツ、約五百五十五円もかかってしまった。

二日ぶりのメコン川だった。朝五時に起き、六時発のローカルバスに乗った。通勤、通学客で埋まるバスに一時間半ほどで、朝日が眩《まぶ》しいメコン川岸に出た。対岸はまだラオスである。ナコーンパノムで渡ったメコン川より上流に来たが、あい変わらずの大河である。そこからトゥクトゥクでゴールデントライアングルに出た。

ゴールデントライアングルというのは、本来、ある地点ではなく、黄金の三角地帯というエリアをさした。話はベトナム戦争時代に遡る。タイ、ラオス、現在のミャンマーにまたがる三角地帯で、アヘンの栽培が広まった。国境地帯でヘロインに精製され、当時の南ベトナムのサイゴンやバンコクに運ばれ、そこから世界へと流れていった。アヘンは莫大な資金を生みだす。その金が南ベトナムの戦費を補っていったといわれている。この一帯は中国とも接していた。アメリカはこの一帯に入り込むためにアヘンを利用した。

戦争を続けるには、膨大な資金が必要だった。そのためにアヘンはしばしば利用された。太平洋戦争では、日本軍も中国でアヘンに手を染めたともいわれている。しかしサイゴンが陥落し、ベトナム戦争が終わると、ゴールデントライアングル

ゴールデントライアングルをASEAN経済共同体（AEC）の中心にしたい？

左手の陸地がミャンマー、対岸がラオス。ゴールデントライアングルです

はしだいに衰退していく。やがてこの一帯には平穏が訪れるのだが、いつ頃からか、タイはメコン川に沿った場所をゴールデントライアングルと名づけ、観光地に仕たてあげてしまった。その場所は、タイ側からミャンマーとラオスが同時に見える地点。タイとミャンマーの境界を流れるルアック川がメコン川に合流する地点である。三角地帯と三カ国を見渡せるポイント……共通点は「三」だけである。そして本来のゴールデントライアングルの拠点エリアは、ここよりだいぶ北。メコン川にルアック川が合流している地点は、その南端というか、南に少しはずれているというか……。観光客にしてみても、茫漠とした丘陵地帯を前に、「これがゴールデントライアングルです」といわれるより、「三カ国が同時に見えるでしょ」と紹介されたほうが写真の撮りがいがある。試しにネットでゴールデントライアングルを検索してみてほしい。ウィキペディアは本来のエリアについての説明に終始し、三カ国を同時に見ることができるポイントについては触れていない。しかし、タイ国政府観光庁のホームページには、「3国が国境を接する地帯」がゴールデントライアングルと説明されている。これを国を挙げての商売上手というのだろうか。

ゴールデントライアングルから、ソンテオでメーサイに出た。ソンテオというのは中型トラックの荷台の左右にベンチ型の椅子をとりつけた乗り物である。

ソンテオの運賃を払う。運転手は荷台の客の乗車地点を把握している。スゴ技だ

メーサイはときどき訪ねていた。少し前、ミャンマーの全鉄道を乗りつぶすという酔狂な旅を続けていたことがあった。メーサイから国境を越えてミャンマーのタチレクに入りそこから飛行機でタウンジーに向かい、ミャンマー北部の鉄道に乗った。タチレクからタウンジーまでの道は陸路で移動することが禁止されていた。この一帯にはシャン族が暮らしていた。ミャンマー政府に反発するシャン族の一部が、反政府行動を繰り返していた。

しかしいつもメーサイは素通りだった。今回は、国境を流れるルアック川沿いを少し歩いてみることにした。

三十年前、ミャンマーとの国境も閉

ざされていた。特別な許可をもらわなければ越境は難しかった。そこで川に沿って進んでみたのだ。『12万円で世界を歩く』では、こんなふうに記している。当時、ミャンマーという国名に変わったばかりで、このあたりでは皆、ビルマと呼んでいた。

――川に沿った道をもう少し歩くと、対岸にいたビルマ人が声をかけてきた。

「オーイ。そこはもうビルマだぞ」

「⁉」

（中略）

僕らは知らぬ間に越境してしまっていたのだ。戸惑う僕らに、彼らは、

「こっちへ遊びに来いよ」

といい、手動ゴンドラで川を渡ってきてしまうのだった。

「ど、どうしよう」

「せっかくの好意だしな。それに僕らはもうビルマにいるんだよ。こうなったら同じじゃない」

こうして僕らはビルマに入国してしまった。あっけなく気が抜けるほどの越境だった。

そのゴンドラがまだあるだろうか。それを今回、探してみたかったのだ。国境のゲート脇から左に折れる道だった。以前は木造の家が並ぶ住宅街だった。そこを抜けるとルアック川に出た。さらに急な斜面につくられた道を進むとゴンドラがあった。ところがいま、住宅街はアーケードがつくられた商店街になっていた。スマホグッズ、布団、仏像を照らすライト、衣料品などが並んでいる。ミャンマー人向けの店のようだった。そこを抜けるとゲストハウス街になり、川に出た。ここからゴンドラが見えるはずだった。しかし目を凝らしてもなにも見えなかった。

当時、ミャンマーの情勢にはあまり詳しくはなかった。その後、タイ北部やミャンマーのシャン州を何回か訪ね、パワーバランスが少しわかってきた。ポイントはシャン族。ミャンマーの北西部、タイの北側エリアはシャン州、シャン族の世界だった。タイは以前、シャムといわれていた。シャムの語源はシャン。つまりタイ族とシャン族はかなり近い民族だった。

三十年前、そしていまも、シャン族はミャンマーをおさえるビルマ族と対立している。そしてシャン族のなかには、タイに帰属したほうがいいのではという根強い発想があるのだという。

三年ほど前、チェンマイのナイトマーケットの店の三分の一ほどが閉まっているときがあった。訊くと、店員の多くがシャン族で、彼らがシャン州に一時的に戻ったという話だった。

「シャン軍から軍事訓練の招集があったんですよ。シャン人は軍からの通達があると、逆らえませんからね。ほら、これ見てください」

それは軍事訓練を受けているシャン族の女性が映った動画だった。茶髪の女性は、生まれてはじめて銃をもったようなぎこちなさだった。毎日、メールで送られてくるのだという。シャン州はいまでもそんな状態なのだ。

三十年前、シャン族はいま以上のパワーをもっていた。以前からメーサイとタチレクの間を流れるルアック川には橋が架けられていた。そこが外から見ると国境に見えた。橋の脇にはミャンマー軍が銃を構えていた。しかし、ミャンマー軍が支配していたのは、その橋だけだった。その周りは、すべてシャン族がおさえていた。

僕らはゴンドラで川を渡った。その先の小屋に入ると、イミグレーションオフィスだといわれた。イミグレーション？　そこはシャン族のイミグレーションだった。橋の袂《たもと》にあったのはミャンマーのイミグレーションだった。

タイ族とシャン族の間は、まあ、ずぶずぶの関係である。国境はあってないようなところがあった。ひょっとしたら、僕らが乗ったゴンドラは、正式にシャン州に

写真の中央、ルアック川が狭まった先にゴンドラはあったのだが……

タイの地方都市でアーケードは珍しい。ミャンマー人相手の商売は儲かるらしい

入る方法だったのかもしれなかった。

そのゴンドラはやはりなかった。隅々までとはいえないが、一応、ミャンマー政府とシャン族は和解している。日本人も観光目的なら、ビザがなくても、ルアック川に架かる橋を渡ることができるようになった。タイへの入国許可をもっているシャン族は、国境付近なら簡単に行き来ができる。メーサイにはロータスという大きな量販店があるが、そこで買い物をする人の多くはシャン族、国籍でいえばミャンマー人だという。そんな時代に、もうゴンドラは不要だった。

メーサイからロットゥーでチェンラーイに戻った。ゴールデントライアングルからメーサイをまわるのに一日はかかるだろうと思っていたが、思いのほか交通網の密度が濃くなっていた。昼にはチェンラーイに戻っていた。

三十年前は、ここからコック川を船で遡り、タードンに出、チェンマイに向かっている。チェンラーイからチェンマイまではバスで簡単に行くことができたが、できるだけ国境に近いルートを通りたかった。コック川の船を選んだ理由だった。

チェンラーイの古いバスターミナルに着いた。そこにツーリストインフォメーションがあった。訊いてみると、午前十時に船があり、ひとり八百バーツ、約二千九

横をアカ族の女性がミャンマーに帰っていった。日々の越境は日常でもある

百六十円だという。その船には間に合わない。船を一艘《そう》、貸し切るしかなさそうだった。三十年前は、乗り合い船などなく、貸し切りが基本だった。三百二十バーツ、当時のレートで約千五百四円でチャーターしていた。コック川の船着き場に行くと、四艘の船がロープでつながれていた。土手の上の待合室にいた男性と交渉してみた。一艘二千六百バーツ、約九千六百二十円もした。一万円近い。三十年の月日がたっているとはいえ、少し高すぎる。

これまで使った費用をざっと計算してみた。やはりLCCの運賃が効いていた。十二万円にはだいぶ余裕がある。船一艘を貸し切りにしても余りそうだった。しかし高い。値切ってみたが、百バーツもさがらなかった。後でわかるのだが、これは定価だった。バス運賃のように決められていたのだ。タイという国から、年を追って値切りの流儀が消えていく。定価社会に急速に近づいていた。日々の生活のなかで、値引きの交渉ができるのは、トゥクトゥクとバイクタクシーだけのような気になってくる。

しかたない。乗ることにした。

船に乗り込み、屋根がついていることに安堵した。三十年前、船でコック川を遡ったとき、雨に降られた。当時の船は屋根がなかったのだ。

——濡れるにまかせる僕らの体は、出発して間もなく下着までずぶ濡れである。船頭の少年が、

「飲めよ。体があったまる」

とビール瓶に入った米焼酎をくれる。口にふくむが、まだ寒い。

「もうやけくそだな」

今回は天気がよかった。船は規則正しいエンジン音を残して、褐色の川面を滑るように進んでいく。雨季の空は気まぐれだが、屋根があるから心配はない。船は小

川岸に迫る植物。褐色の流れ。アジアの川だなぁとひとりごちる

カレン族の男たちの仕事は釣り。その日に食べるだけの魚が獲れたら引きあげる

さいが、大船に乗った気分である。爽快な船旅だった。コック川は国境の川というわけではないが、右岸と左岸はずいぶん様子が違った。右岸にはカレン族の村が点在している。象がいる村もある。おそらく少数山岳民族を訪ねるツアー用だろう。象に乗ってジャングルに見たてた森のなかを歩く。中国人が大好きなアトラクションらしい。しかし左岸はタイだった。役所のような建物が見える。崖の脇に建つのは別荘だろうか。タイ族の文化は東西に流れるコック川まで北上し、川より北側は山の民の世界のように映る。

三時間半ほどで終点のタードンに着いた。そこには船切符を売る窓口があった。貸し切り運賃も明記されていた。そこに座っていたおばさんに訊くと、チェンマイ行きの最終バスがあるという。橋を渡った先の大きな木の下、というタイ人らしい説明を耳にコック川を渡った。そろそろ休みたかった。朝五時に起き、バス、トゥクトゥク、ソンテオ、ロットゥー、船と、公共の乗り物を全種乗る勢いでここまでやってきた。乗りっぱなしである。しかしチェンマイ行きのバスがまだあるという。

バスは四時間も走った。完全な路線バスだった。途中でトイレ休憩まであった。接続がいいのはありがたいが、足がなければ、半ば強制的に宿に泊まり、体を休めることができる。しかしいまのタイはそれを許してくれない。いや、次の便に乗らず、自分から休む選択肢はあったのだが。

しかしバックパッカー旅の流儀が脳細胞を染めてしまっている旅人である。目の前にバスがあったら乗る——。それが僕の旅の不文律でもあった。うまくいけば、それでホテル一泊分が浮く。そんなビンボー旅行体質は、ときに失敗も招くが、バスを目の前にすると、パブロフの犬のように反応してしまう。だが僕も六十代の半ば。ときにこの性格がつらくなってくる。しかし、バスに乗ってしまうのだ。

チェンマイにバスが着いたのは夜の八時だった。小さなバスターミナルだった。翌日、ミャンマー国境に近いメーサリアンまで行くつもりだった。近くにいたソンテオのおじさん運転手に訊くと、メーサリアン行きはメインのバスターミナルから出るという。時刻だけは調べておきたかった。そこに向かう途中、運転手はどこかに電話をかけていた。大型バスが何台も停車するメインのバスターミナルに着いた。ソンテオは一台のバスの脇に横着けするように停まった。

「これ」

「……?」

「切符はあそこで買うの」

「は?」

「あと十分で出るから急いだほうがいいよ。メーホンソン行きの夜行バスだけど、途中、メーサリアンに停まるから」

「……」

まだバスに乗るのか……。

いや、乗らなくてもいい。チェンマイのホテルに泊まり、翌朝のバスに乗ってもいいのだ。しかし僕の足は切符売り場に向かっている。思いとは裏腹に、足が動いてしまう。なんという貧しい旅人生を歩んできたのだろうか。しかし旅の勘だけはしっかり働いていて、切符売り場の横にあったコンビニに入り、カップ麺を買う。夕飯を食べる時間がないだろうと思ったのだ。メーホンソン行きのバスの周りをちょこちょこと動く六十五歳の男はもう旅の虫である。

メーサリアンに着いたのは深夜の十二時半だった。街は暗く、静まり返っていた。バス停の裏にあるというモーテルに向かう。ドアを三十回ぐらい叩くと主人が目を覚ましてくれた。

「あの……、カップ麺を食べたいんで、お湯をもらえるでしょうか」

寝起きのおじさんは、不機嫌そうな顔をひとつも見せず、タイ人らしい笑みで頷《うなず》いてくれた。

翌朝、バス停横のベンチにぽつんと座っていた。僕らが乗ったのは高級バスだった。通常のバスターミナルではなく、独自のバス停をつくっていた。ここがメーサリアンのどのあたりなのか、いまひとつわからなかった。三十年前、ここからメーソートまで、ミャンマーとの国境沿いの道を南下した。当時は公共の乗り物がなく、バンをチャーターした。今回もそうなるような気がしていた。その車を探さなくてはならない。すると目の前に若者が乗る一台のバイクが停まった。

「メーソートに行きたいんだけど」

「メーソート？　ソンテオがありますよ。いまからなら七時半発に間に合うんじゃない」

「はッ？」

こんな辺境エリアにもソンテオが走る時代になっていたのだ。しかしソンテオという乗り物は長距離移動に向いていない。中型トラックの荷台にとりつけられた椅子はベンチ式で、進行方向とは直角になる。つまり横向きに座るのだ。普通は市内の足に使われる。チェンマイではタクシー代わりに使われている。地方に行くとバスの役割も果たすが、長くても一時間……。そんな乗り物だった。メーサリアンとメーソートの間は二百五十キロ近くある。ソンテオの常識を超えた距離だった。親切な青年だった。僕と阿部カメラマンのふたりを後部座席に乗せ、ソンテオのターミナルまで運んでくれた。

メーソートへの道は、ソンテオにはそぐわない山岳路だった。舗装は整っていたが、急カーブが続き、高低差もかなりある。対向車は少ないから、時速百キロ超えで斜面をくだっていく。ジェットコースターとはいわないが、それに近い浮遊感を感じることすらあった。しだいに気分が悪くなってきた。胃液が這《は》いあがってくる。進行方向と直角に座っているからいけないのではないか。これでは前方の道も見えない。想像してほしい。ジェットコースターに横座りしている体勢を。靴を脱ぎ、体をねじって狭い座席の上であぐらをかくような体勢にしてみた。荷台を包むようにとりつけられた鉄柵の間から前方も見える。

少し楽になってきた。こうして眺めると、なかなかの景色だった。タイとミャンマーの間に続くこんもりとした山々が折り重なるように続いている。乗客がしだいに増えてきた。ミャンマー兵がかぶるような緑色の帽子に迷彩色のズボンの男性、ロンジーというミャンマー風の民族衣装を巻いたおばさん……ミャンマー人だった。交わされる会話はタイ語ではない。

ソンテオ乗り場まで、バイク３人乗りで運んでくれた親切青年。タダでした

メーソートまで１日７便。ただし客がいないと便が消える。タイ式時刻表です

一気に坂道をくだった。途中、タイとミャンマーの国境であるモエイ川が見えた。小さな村があった。そこにひとつの看板があった。メータフーポート。船のマークが描かれていた。この周辺のミャンマーへの越境ポイントは、この先、僕らがめざすメーソートしかないはずだった。

かつてタイとミャンマーの国境地帯に、コートレイという解放区があった。ミャンマー政府と対立するカレン族が実効支配していた。解放区の「首都」はマナプロウだった。一九九五年、ミャンマー軍と離反したグループの攻撃を受けて陥落するが、その後も残されたエリアを守り続けていた。コートレイはミャンマーではないから、タイとの国境はないようなものだった。

三十年前、この一帯をチャーターした車で移動したとき、ひとつの村を訪ねた。その村の住民に畑の場所を訊くと、モエイ川の対岸を指さした。ミャンマー領に彼らの畑があったのだ。彼らは毎日、モエイ川を舟で渡り、畑を耕していた。対岸がコートレイという支配地帯だったのかもしれない。

その流れはいまになっても変わらないのかもしれない。ミャンマー政府とカレン族は和解し、いまはモエイ川が国境になっている。しかしタイ側にも多くのミャンマー系の人がいる。そして対岸を結ぶ船が着く港がある。

体の向きを変え、車酔いと闘っています。後ろのおじさんは平気です

メーサリアン郊外。はじめはこういうのどかな道だったのだが

ソンテオはモエイ川に沿った道を南に向けて進んでいった。山岳地帯をすぎ、平坦な道になった。メーソートまで六十キロという表示が出たあたりから、右手に難民キャンプが出現した。前作『12万円で世界を歩くリターンズ——赤道・ヒマラヤ・アメリカ・バングラデシュ編』で、バングラデシュに出現したロヒンギャ難民キャンプを見ていた。家のつくりがよく似ていた。周辺の家はコンクリートを使うところが多いのだが、キャンプは違った。薄い板で覆われ、屋根はバナナのような葉で葺《ふ》かれていた。UNHCR（国連難民高等弁務官事務所）の報告では、国境周辺のタイ側にある難民キャンプには、約九万七千人が収容されている。その多くがカレン族だった。僕らが脇を通ったのは、そのなかでも最大規模のメラ難民キャンプだった。

メーソートに着いたのは午後の二時半頃だった。六時間も乗っていたことになる。僕のなかのソンテオ乗車最長時間を更新してしまった。

メーソートからモエイ川に架かる橋を渡り、ミャンマーに入った。三十年前は国境に架かる橋もなかった。川の中洲までがタイ領だといわれ、そこまで進んでミャンマーを眺めることしかできなかった。当時のミャンマーは軍事政権の時代だった。その貧しさが手にとるようにわかった。タイ側では車が人々の足になっていたが、

メラ難民キャンプ。建物は年季が入っている。雨季を何回も経験した家々

ミャワディでミャンマー料理の昼食。これで50バーツ、約185円。安いッ

ミャンマー側のミャワディの男たちは馬に乗っていた。

その後、ミャンマーは大きく変わった。軍政主導の政治体制が崩れ、民政化が進んでいく。総選挙が行われ、アウン・サン・スー・チー率いるＮＬＤ（国民民主連盟）が政権を握った。ミャンマーへの旅もずいぶん楽になった。まずミャンマーの空港でビザがとれるようになり、二〇一八年には、観光目的の日本人はビザなしで入国できるようになった。

今回も簡単に入国することができた。モエイ川に面したミャワディの街をぶらぶら歩き、ミャンマー料理を食べてタイに戻ってきた。

「これで二回目ですよ」

タイに入国するとき、イミグレーションの職員からそういわれた。陸路入国は年に二回まで……。ラオスに次いでミャンマーにとんぼ返り。今年はもう飛行機でタイに入国するしかなくなった。

バンコクに戻った。残っているのはカンボジア方面のルートだった。三十年前は、バンコクから、まずカンボジア国境のアランヤプラテートに向かった。そこからナコーンパノム方面へのバスに乗った。今回はバンコクからナコーンパノムに向かった。他意はない。利用したＬＣＣの到着時間が早く、夜行バスに間に合ったためだ。アランヤプラテートまでは、エカマイと呼ばれるバンコクの東バスターミナルから、ロットゥーに乗った。四時間半ほどで、カンボジア国境に着いてしまった。バンコクからいちばん近い国境である。

カンボジアにいったん入国し、踵《きびす》を返してバンコクに戻りたかったが、それはできなかった。すでに二回、陸路でタイに入国していた。アランヤプラテートとカンボジア側のポイペトにある国境は、カンボジアに一泊以上滞在しなくてはいけないというルールもあった。

それでも国境までは……と歩いていくと、タイ側のイミグレーションぎりぎりのところに、新しい駅ができていた。バーン・クロンルック国境駅だった。二〇一九年の七月に開業したというから、まだ二カ月しかたっていなかった。

訊くと、カンボジアとタイを結ぶ国際列車の運行がはじまったら、この駅で入国審査が行われるのだという。それをあて込んだのか、駅の入口正面に、土産物屋やレストラン、カフェが入ったビルが完成していた。カフェに入ってみた。メニューには三十種類ほどが並んでいたが、今日、出せるのはコーヒーとカフェラテだけだという。

「今日がオープンなんです。まだ準備不足で……」

とオーナーはいった。段どりの悪さはタイ人の得意技でもある。

「四月にタイとカンボジアの首相もやってきて、国際列車の調印式が行われたんです。七月に新しい駅がオープンすることはわかってました。それに合わせて、国際列車が走りはじめるとばかり思っていたんです。でも、もう八月も終わりでしょ。走る気配がまったくないんです」

店の主人は、自分たちの準備不足を棚にあげてこういうのだった。

「原因は中国だっていう噂です。カンボジアはいま、中国の属国みたいになってているでしょ。なんでも、プノンペンやシェムリアップの街は中国語の看板だらけっていうじゃないですか。でも、カンボジアの鉄道設備は、世界銀行の融資で進んだんですよ。世界銀行っていえば、アメリカでしょ。それが中国にしたら面白くないっていうんです。だから、無理に国際列車の運行を遅らせてるっていうんです」

噂だが説得力はあった。

カンボジアは中国から膨大な資本が投入されている。その資金で、国内のいくつかの場所で、工業団地と道路整備が一体化した開発が進んでいる。その工事に、多くの中国人がかかわり、街のなかに中国人街ができあがっているところも少なくな

バーン・クロンルック国境駅。なかなか国際列車が走らず、手持無沙汰駅に

2020年２月現在、国際列車は走っていない。このカフェ、まだやってる？

い。そこには中国人向けの食堂が並び、中国語が飛び交い、中国元が流通している。シェムリアップの新空港建設も中国の企業が請け負っている。カンボジアはいま、中国の資本を経済成長に結びつけようとしている。

カンボジアと中国の蜜月ぶりはしばしば目にする。南沙諸島に中国が建設を進める人工島をめぐってＡＳＥＡＮ（東南アジア諸国連合）の会議は紛糾した。フィリピンやベトナムは領有権を主張し、ＡＳＥＡＮ各国も中国の行為に釘を刺す見解に傾いていった。しかしその流れに反発したのがカンボジアだった。

「これでまた、莫大な中国資本がカンボジアに流れ込む」

東南アジアの人々は感じとっていた。新植民地主義という言葉も東南アジアでは広まっていた。

カンボジアの交通網の整備でも、中国は存在感を見せつけている。プノンペンの市バスの整備が日本のＪＩＣＡ（国際協力機構）によって進められていた。バス停がつくられ、韓国製の中古バスが市内を走りはじめた。そのタイミングで、中国はバスの新車二百台近くを無償で提供した。プノンペン市民にしてみたら、中古より新車に傾くのは当然のこと。いまのプノンペンで見かける市内バスの大半は、冷房がしっかりと効いた中国製のバスである。

タイとカンボジアを結ぶ国際列車をめぐる噂の伏線は、プノンペンを走る市内バスにあるような気がしないではない。アメリカや日本より優位に立とうとする中国にとって、国際列車は気に障る存在である。

バーン・クロンルック国境駅の前にカフェを開店したオーナーの話を聞きながら、四日前、チェンセーンからゴールデントライアングルまで乗ったトゥクトゥクの運転手の言葉を思い出した。

トゥクトゥクはメコン川に沿った道を走っていた。右手のラオス領でビルの建設が進んでいた。こんな国境地帯に……と首を傾げるほどの規模の大型ビルが建ちはじめていた。

「ラオスの土地を、中国が九十九年契約で借りたってわけさ」

運転手は吐き捨てるようにいった。中国をかなり嫌っているようだった。

中国が建設を進める経済特区だった。ここにホテルやカジノをつくり、一大観光リゾートをつくるという構想らしい。やってくるのは中国人観光客だろうか。

少し進むと、建設現場の前に、大きな看板が出没した。

「金三角经济特区欢迎游」

そこにはラオス語はもちろん、タイ語や英語すらなかった。ラオス人がこの看板の意味を知ったらどう思うのだろうか。

ベトナム戦争や東南アジア諸国の内戦が、タイ、ミャンマー、ラオスにまたがるゴールデントライアングルを生んだ。その三カ国を見渡すことができるという拡大解釈でゴールデントライアングルというポイントが定着していく。しかしいま、三カ国のメンバーが、タイ、ミャンマー、そして中国になっていた。

三十年前、訪ねた国境のなかで、タイとカンボジア間がいちばん緊張していた。ベトナム戦争に巻き込まれたカンボジアに、ポル・ポト政権が誕生する。彼らが求めた急進的な社会主義は、国土を荒廃させ、あまりに多くの犠牲者を出した。そこに侵攻したのがベトナムだった。ベトナム軍はタイ国境まで到達し、多くの難民がタイになだれ込んだ。

三十年前はそのベトナム軍の撤退がはじまった時期だった。しかし国境は軍によって厳しく管理されていた。国境ゲートの五十メートル手前まで行くのが限界だった。その後、カンボジアは、国連の監視下で選挙が行われ、しだいに平穏をとり戻していくことになる。ビザは必要だが、外国人も自由に行き来ができるようになった。

資格外の労働を制限するタイ側の事情で、カンボジアに入国することができなかった。しかし国境ぎりぎりまで行ってみた。いまはもう兵士の姿はなく、トラック

ラオス領で建設が進む経済特区。カジノ事業に積極的な中国。防戦のアジア

いったいどこから運ばれてくるのか謎の中古品。アジアの国境には裏がある

や大八車が行き交っている。タイ側には、ロン・クルアという巨大な中古品市場がある。そこで売られるジーンズや靴を、大八車に載せて運び込んでいるようだった。

東西冷戦に端を発し、長く閉じられていた国境は、いま、活気を帯びた境界になっている。しかしこの国境を通るはずの国際列車は、新たな緊張を生む米中対立に翻弄されている気配があった。東南アジアの国々の境界は、いつも大国の対立に右往左往している気がしないでもない。

バーン・クロンルック国境駅からは、一日二本、バンコク行きのローカル列車が運行されていた。それに乗ってバンコクに戻ることにした。乗客の大半はカンボジア人だった。

今回、かかった費用は、六万三千八百四十七円だった、三十年前は十一万千八百二十六円だったから、大幅に安くなった。やはりＬＣＣの存在が大きかったが、タイの交通網が発達し、かかった日数が大幅に短くなったことも一因である。かつては十四日間かかっていたが、今回は八日間でまわってしまった。その分、ホテル代や食事代などが浮いたわけだ。

先を急かされるような旅は、少し疲れたが。

コラム　ソンテオ

タイの陸路旅。とくに今回のように、国境線を辿りながらまわるときの乗り物のポイントは、ソンテオとロットゥーのように思う。今回の旅でも、ソンテオは、ゴールデントライアングルからメーサイ、メーサリアンからメーソート間で乗っている。ロットゥーはメーサイからチェンラーイ、ウドーンターニーからコンケーン間で乗っている。

ソンテオは乗り合いトラックである。中型トラックをそのまま利用している。荷台の両脇にベンチ式の椅子がとりつけられている。定員はあってないようなもの。椅子が満席になれば、その間の床に置かれた荷物の上に座る。そこもいっぱいになると、後部の乗り口に立つ。

街なかも走っているが、郊外のあまり離れていない街を結ぶことが多い。始発から終点まで乗って一、二時間といったところだろうか。今回は長距離ソンテオに乗っているが、これは例外と考えたほうがいい。

慣れれば便利な乗り物だが、はじめは戸惑う。タクシーの要領で道端に立っ

ソンテオは混みあうと……。立っても運賃は同じです。あしからず

て手を挙げると停まってくれる。行き先を確認し、そのまま後ろにまわって乗り込めばいい。運賃は後払い。目的地近くになったら、運転席と荷台を仕切るガラスやボディを叩けばいい。とくに停留所がないことが多い。好きなところで乗り降りできる。しかしそれは地元の人。旅行者は終点まで乗ることが多いから、ただ黙って乗っていればいい。着いたら荷台から降り、運転席に向かうと運賃を教えてくれる。

ぼられる? 僕の経験からいうと、それはまずない。利用する観光客は多くないから、ぼるという世界ではないのだ。もっとも乗った時点で運賃がわからないことも多い。まあ、タイ人に身を委ねる感覚で乗ってほしい。

ソンテオが走っていた区間の乗客が増えてくると、ロットゥーになるような気がしないでもない。ロットゥーは乗り合いバン。ソンテオとの違いは……冷房が効いていることだろうか。

かつてロットゥー乗り場は街のさまざまなところにあり、手を挙げれば停まってくれる感覚だった。しかし最近は公共バスに近づいてきている。ボーコーソーというバスターミナルから乗り、目的地のバスターミナルまでというパターンが増えてきた。切符も長距離バス同様、窓口で買うシステムも多い。もっともそのへんは、タイらしいアバウトさで、乗る前に運転手に運賃を渡してもいい。運賃もバス同様に決まっている。窓口に表示されていることも少なくない。いたって明瞭と思っていい。

多いときで二十人程度の客を受け入れ、本数もバスより多い。急いでいるときは、バスターミナルでバスよりロットゥーを探したほうがいいことも多い。ただし車内はかなり窮屈。大きな荷物をもっていても、なんとか対応はしてくれるが心苦しいときもある。

明細書●いまむかし

＊両替レートは時と場所によって多少異なるため、総計額と差がでる場合がある。

1989年9月

1タイ・バーツ＝約4・7円

■1日目
飛行機（東京⇕バンコク往復）……7万3000円
バス……3バーツ
ホテル……180バーツ
夕食（青菜炒め、かゆ、ビール）……85バーツ

■2日目
朝食（パン、コーヒー）……24バーツ
バス……2バーツ
昼食（そば）……15バーツ
バス……2バーツ
タバコ……13バーツ
蚊取り線香……10バーツ
洗剤……2バーツ
地図……85バーツ
夕食（鶏肉炒め、青菜炒め、かゆ、ビール）……85バーツ

2019年8−9月

1タイ・バーツ＝約3・7円

■1日目
飛行機（東京⇕バンコク往復）……2万9243円
バス（空港→バスターミナル）……30バーツ
バス（バンコク→ナコーンパノム）……840バーツ
夕飯（豚足ごはん）……50バーツ

■2日目
バス（ナコーンパノム→タケク）……75バーツ
バス（タケク→ナコーンパノム）……70バーツ
昼食（そば）……60バーツ
ラオス出国税……60バーツ
バス（ナコーンパノム→ウドーンターニー）……160バーツ
トゥクトゥク……25バーツ
ロットゥー（ウドーンターニー→コンケーン）……90バーツ
バス（コンケーン→チェンラーイ）……526バーツ
タクシー……30バーツ

ホテル……180バーツ

■3日目

朝食（コーヒー、かゆ）……30バーツ
バス……2バーツ
バス……2バーツ
バス……2バーツ
バス……2バーツ
昼食（そば）……15バーツ
夕食（蒸し魚、ムール貝、野菜炒め、ごはん）……105バーツ
ホテル……180バーツ

■4日目

バス……2バーツ
バス……100バーツ
三輪タクシー（国境往復）……30バーツ
コーラ……5バーツ
バス……21バーツ
コーラ……5バーツ
バス……30バーツ
タバコ……13バーツ
かっぱえびせん……6バーツ
三輪タクシー……10バーツ
夕食（はるさめサラダ、牛肉揚げ、ビール、ごはん）……94バーツ
コーヒー……35バーツ
バス……200バーツ

ホテル代……375バーツ
夕食……465バーツ

■3日目

朝食（マクドナルド）……155バーツ
タクシー……38バーツ
菓子……55バーツ
トゥクトゥク……75バーツ
ホテル代……350バーツ

■4日目

朝食……37バーツ
バス（チェンラーイ→チェンセーン）……37バーツ
トゥクトゥク（チェンセーン→ゴールデントライアングル）……100バーツ
ソンテオ（ゴールデントライアングル→メーサイ）……40バーツ
ソンテオ（メーサイ）……15バーツ
ロットゥー（メーサイ→チェンラーイ）……50バーツ
昼食（そば）……40バーツ
トゥクトゥク……30バーツ
船（チェンラーイ→タードン）……130バーツ
バス（タードン→チェンマイ）……92バーツ
ソンテオ……50バーツ
バス（チェンマイ→メーサリアン）……250バーツ
夕食（カップ麺など）……37バーツ
ホテル代……350バーツ

■5日目

■5日目
ホテル……125バーツ
朝食（コーヒー、パン、タマゴ）……50バーツ
焼きバナナ……4バーツ
果物（ノイナー）……7バーツ
コーラ……4バーツ
生春巻……5バーツ
力車……10バーツ
力車……10バーツ
夕食（牛肉揚げ、ひき肉炒め、ごはん）……75バーツ
ジントニック……50バーツ

■6日目
朝食（コーヒー、かゆ）……26バーツ
タバコ……13バーツ
バナナ菓子……10バーツ
バス……65バーツ
昼食（メコン大なまず、ビール）……95バーツ
力車……5バーツ
バス……35バーツ
ホテル……60バーツ
夕食（青菜炒め、肉炒め、ビール、ごはん）……90バーツ

■7日目
朝食（コーヒー、油条）……9バーツ
バス……150バーツ
ミカン……8バーツ
まんじゅう……4バーツ

朝食（コーヒーとパン）……20バーツ
ソンテオ（メーサリアン→メーソート）…200バーツ
トゥクトゥク（ミャンマー国境まで）……50バーツ
昼食……50バーツ
バイクタクシー（国境→バスターミナル）……60バーツ
バス（メーソート→バンコク）……630バーツ
ホテル代……349バーツ
トゥクトゥク……50バーツ
夕食……470バーツ

■6日目
トゥクトゥク……75バーツ
タクシー……90バーツ
ホテル……300バーツ
夕食……40バーツ

■7日目
タクシー……25バーツ
朝食……52・5バーツ
ロットゥー（バンコク→アランヤプラテート）……230バーツ
ソンテオ……10バーツ
昼……63バーツ
カンボジア風サンドイッチ……25バーツ
コーヒー……50バーツ
列車（アランヤプラテート→バンコク）……49バーツ
ココナツ……15バーツ
ファラン（グアバ）……10バーツ

果物（ラムサーイ）……12バーツ
タバコ……13バーツ
昼食（そば）……15バーツ
ホテル……100バーツ
夕食（ゆで豚肉、ソーセージ、ごはん、ビール）……100バーツ

■8日目
朝食（コーヒー、パン、タマゴ）……40バーツ
バス……14バーツ
オートバイ力車……25バーツ
トラック……30バーツ
コーラ……6バーツ
タバコ……13バーツ
ビルマ渡河料……100バーツ
写真のための屋上使用料……100バーツ
昼食（焼きそば）……25バーツ
コーヒー……15バーツ
バス……14バーツ
ホテル……100バーツ

■9日目
朝食（コーヒー、油条）……9バーツ
力車……10バーツ
船賃……160バーツ
あめ……1バーツ
昼食（そば）……10バーツ
コーヒー、パンケーキ……37バーツ

タクシー……45バーツ
夕食……70バーツ
ホテル……300バーツ

■8日目
地下鉄……37バーツ
バス（モチット→空港）……30バーツ

計
日本円……2万9243円
タイ・バーツ……9352・5バーツ
総計……6万3847円

トラック……………………100バーツ
バス……………………32バーツ
三輪タクシー……………………10バーツ
トラック……………………15バーツ
ホテル……………………100バーツ
夕食（春巻、焼き飯、ビール）……………………110バーツ

■10日目
電話（バンコクへ）……………………50バーツ
コーヒー……………………6バーツ
三輪タクシー……………………10バーツ
バス……………………50バーツ
パン……………………6バーツ
トイレ……………………1バーツ
昼食（タイカレー）……………………10バーツ
タバコ……………………13バーツ
コーラ……………………6バーツ
床屋……………………30バーツ
夕食（トムヤムクン、牛肉揚げ、鶏肉炒め、ごはん）……………………81バーツ
ホテル……………………150バーツ

■11日目
朝食（コーヒー、パン）……………………27バーツ
コーヒー……………………5バーツ
車チャーター……………………900バーツ
菓子……………………1バーツ
昼食（そば）……………………16バーツ

果物（マンゴスチン）……14バーツ
夕食（肉炒め、肉辛炒め、しゅうまい、メコンウイスキー）……120バーツ
タバコ……13バーツ
ホテル……135バーツ

■12日目

バス……179バーツ
ヤクルト……5バーツ
トラック……5バーツ
昼食（そば、焼き飯、水）……38バーツ
トラック……5バーツ
紅茶……15バーツ
夕食（牛肉揚げ、青菜炒め、肉炒め、ビール）……120バーツ
ホテル……120バーツ

■13日目

コーヒー……6バーツ
三輪タクシー……20バーツ
ホテル……370バーツ
昼食（コーヒー、そば）……40バーツ
タクシー……25バーツ
タクシー……30バーツ
コーラ……10バーツ
タクシー……20バーツ
船賃……75バーツ
ビール（オリエンタルホテル）……225バーツ

タクシー……55バーツ
夕食（冷奴、さしみ、ビール、焼きそば）……333バーツ
クラブ……400バーツ
タクシー……30バーツ
タクシー……50バーツ

■14日目

朝食（コーヒー、パン、タマゴ）……74バーツ
バス……2バーツ
バス……2バーツ
コーラ……5バーツ
三輪タクシー……15バーツ
土産（ドリアン、パイナップル）……240バーツ
昼食（そば）……15バーツ
タクシー……45バーツ
空港税……200バーツ

計
日本円……7万3000円
タイ・バーツ……8261バーツ
総計……11万1826円

第二章　北極圏編

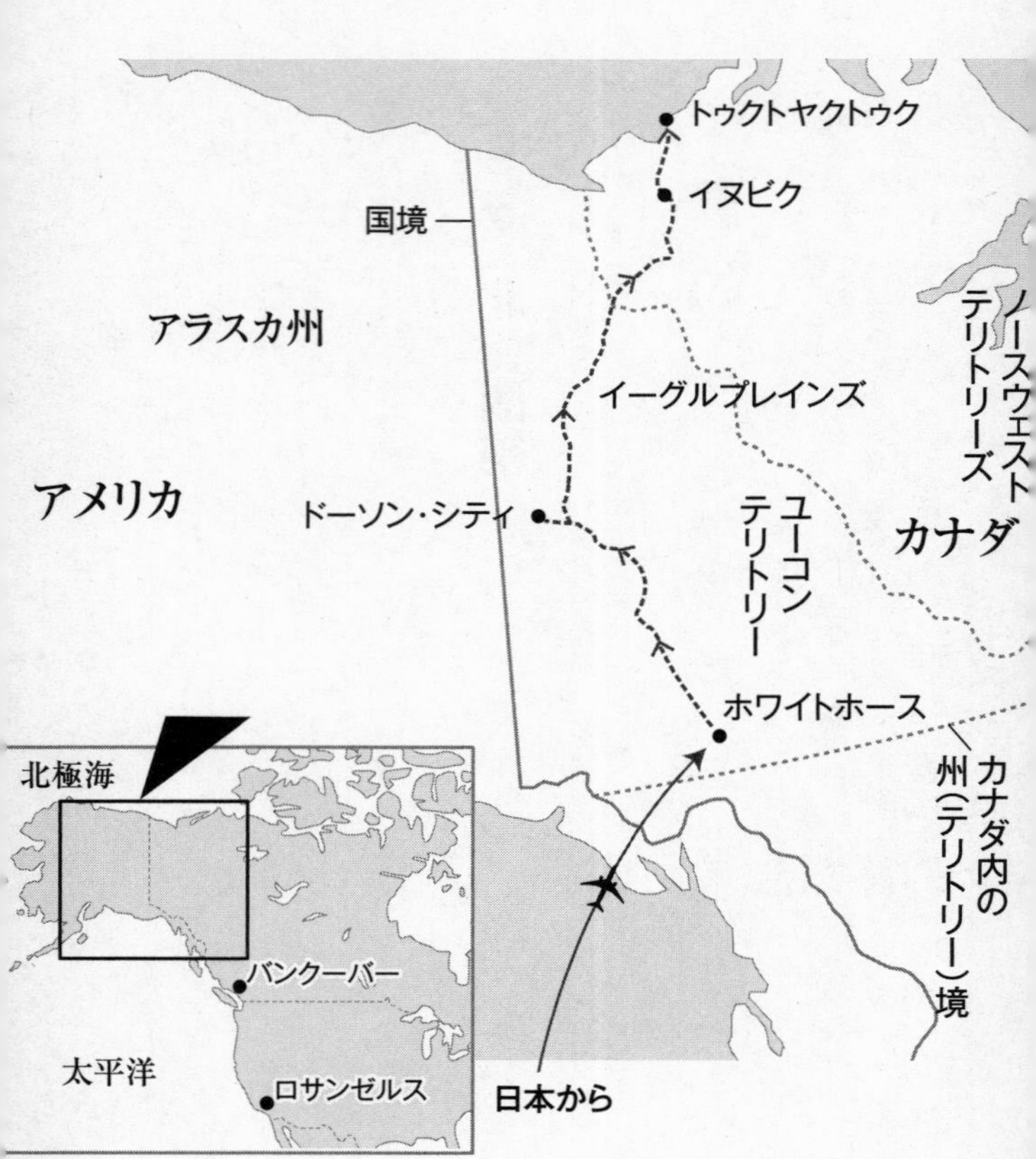

トゥクトヤクトゥク
イヌビク
国境
アラスカ州
イーグルプレインズ
ノースウェストテリトリーズ
アメリカ
ドーソン・シティ
ユーコンテリトリー
カナダ
ホワイトホース
カナダ内の州(テリトリー)境
北極海
バンクーバー
太平洋
ロサンゼルス
日本から

いったいいくつの湖があるのだろうか。見渡すかぎり、大小さまざまな湖が……と書きかけたところで言葉に詰まる。このエリアの自然は、僕らが暮らす世界の地形を表現する言葉が通用しない。それでも車の助手席で必死に言葉を探す。点在ではない。その密度はもっと高い。

たとえば稲作地帯。水を張った水面が畔《あぜ》で仕切られている。水田は人の手が入っているから、きちんとした区画になっている。それを円形や楕円形にする。畔も直線ではなくなる。その畔の上を車が走っていると思ってもらえればいい。つまり地面より水面のほうが圧倒的に広いのだ。ところどころに小山もある。その地形をまま横から眺めると、宮城県の松島のように見える。海の部分が湖で、その湖は細い土手で区切られている。

やはりうまく説明できない。

マッケンジー川の河口に広がるデルタ地帯に迷い込んでいた。上空から見れば、湖が水玉模様のように広がっているはずだ。道はその土手のようなわずかな細い陸地を伝うようにつくられている。車は左右に大きくカーブを切りながら、北極海に近づいていく。

ツンドラである。地下には、永久凍土が眠っている。ツンドラと聞くと、極寒のかちかちに凍りついた大地を思い浮かべるかもしれないが、六月から九月にかけ、その表面が解ける。その水が集まり、周囲に無数の湖をつくりだしているのだろうか。

解けたツンドラ——。

これは本当に始末が悪い。広大なぬかるみが、ツンドラを覆うことになる。歩こうとすると、靴は五センチほど沈む。車はハンドルをとられる。解ける深さは年によって違うから、橋を渡すことも大変だという。そこに道をつくる。それも莫大な労力がかかる。走っている道を見ると、大量の土を運び込み、土を盛り、その上に道をつくっていることがわかる。それでも車はハンドルをとられ、右へ左へと不自然な蛇行を繰り返す。

イヌビクから北極海に面したトゥクトヤクトゥクまで百四十四キロ。この道が二〇一七年に完成した。

三十年前、このぬかるんだツンドラを車で進むことはできなかった。小さなプロ

無数の湖。その間を縫うようにつくられた道はぬかるむ。北極海への道だ

ペラ機に乗ってトゥクトヤクトゥクに向かった。ぬかるんだ湿地では、大量の蚊が発生していた。

——夥《おびただ》しい数の蚊の大群が、この広大なデルタを埋めていたのである。ふとカメラマンの顔を見て慄然とした。ものすごい数の蚊が髪の毛に群がっていたのだ。その瞬間、僕の頭皮にチクッという痛みが走った。あわてて髪の毛をかきむしったが、すでに数カ所を刺され、間もなく頭はボコボコにはれてしまった。

解けたツンドラ——。

また蚊に刺されにいく?

『12万円で世界を歩く』はまず、『週

刊朝日』のグラビアページで連載された。月一回のペースだった。連載は好評だった。しかし、自分ではいまひとつぴんとこなかった。連載がはじまる前まで、僕が続けていた旅と大差はなかったからだ。

自分の旅が、週刊誌に載るとは思ってもみなかった。小田実《まこと》の『何でも見てやろう』(河出書房新社)、沢木耕太郎の『深夜特急』(新潮社)というバックパッカー系の著作は世に出ていたが、旅の本の主流は、高名な作家が海外を歩いたエッセイ風のものや、ジャーナリストが社会問題を背景に紛争地を訪ねるようなものが多かった。それに比べると、僕の旅は、自分でいうのもなんだが卑近なものだった。政治問題が登場するでもなく、世界の暗部が浮かび出るようなものでもなかった。バスに乗り続けて尻にあせもをつくり、雨季のヒマラヤでヒルに食われ……といった旅だった。予算も十二万円しかなかったから、旅の間は、こづかい帳をつけるように出費をメモし、安い宿を求めて暗い夜道を歩いた。どう考えても高尚な旅ではなかった。

その旅が妙に好評だった。

週刊誌、いやマスコミというものは、読者や視聴者の反応がいいと、その企画を膨らませようとする。当然のことだ。連載六回目は正月企画とも重なり、どーんと世界一周旅になった。費用はお年玉というわけではないが、三十万円近くもかかってしまった。ダイエットに励んできた人が、正月だからと気を緩めてリバウンドしてしまったようなものだった。

その後、予算は再び十二万円に絞られ、貧しい旅に戻っていくのだが、連載も十回を超え、季節は夏を迎えようとしていた。

その年の夏はとくに暑かったのかどうか……記憶はない。しかしデスクが扇子であおぎながらこういった。

「次回はどこか、涼しいところへ行くか」

そのひと声で地図を眺める視線は北にシフトしていった。北極海まで辿り着くことができる道がカナダにあった。

さっそく費用を試算してみた。当時、北アメリカ方面への航空券はロサンゼルス往復がいちばん安かった。それでも九万円もする。そこからグレイハウンド社のバスでひたすら北上してカナダに入り、さらにカナダのグレイハウンドに乗ってホワイトホースへ、そこからはレンタカーで北極海をめざすコースがいちばん安そうだった。

しかし物価の高いアメリカやカナダ。とても十二万円ではまかなえないことがわかってきた。以前に同じ『12万円で世界を歩く』の旅でアメリカを一周していた。日本からもち込んだ食料などでバス旅はしのぐとしても、レンタカー代がそっくり加算されてしまう。ざっと計算すると二十万円はかかりそうだった。

そこでホワイトホース以北は、北極海オプションというか、十二万円の費用には含めない打開策が発令された。

この企画を発案した森啓次郎氏は配属が変わっていた。ときどき、僕らが座るフリーランス席に顔を出し、

「あい変わらず、ビンボーな旅、やってるね。ヒッフッフッフッ」

と意味不明の笑い声で励ましてはくれたが、企画がはじまる前、

「『週刊朝日』のグラビアページは予算が少ないから、十二万円が限界なんだよ」

と説明していた。あれは方便だったのか。

なんの問題もなく北極圏ルートに決まっていった。築地の朝日新聞社を出、地下鉄の東銀座駅まで歩きながら、ひとり呟いていた。

「そういうことか……」

連載が好評なら、使うことができる予算も増えていく。あたり前のことだったが、この企画は、端《はな》から「十二万円まで」と使うことができる金額が決められていた。

それを動かすこともできるのだ。バックパッカー旅ばかり続けていた僕は、その世界に居心地の悪さも感じはじめていた。フリーランスのライターなのだから、連載の評判がいいことは手応えのあることだった。しかしこの旅を続ければ続けるほど、ある種の喪失感が顔をのぞかせはじめていた。夜行バスのなかで、頭を窓につけるようにして、街灯に照らしだされる屋台を見ながら思うのだ。僕は自分の旅を仕事に売ってしまったのかもしれない……と。いや、それは贅沢な悩みだと、少しずつ育つ喪失感を否定する自分がいる。金を使い果たして帰国した不埒《ふらち》なフリーランスのライターが、旅をして原稿料をもらえるだけで、幸運なことなのだと……。しかしいくらそう説き伏せても、旅と仕事の隙間は埋まらなかった。

三十年前の北極圏への旅は、結局、二十四万円もかかってしまった。

そのルートをなぞるような旅は、日本からの飛行機とホワイトホースへの足で迷走してしまった。

三十年前とは航空券事情が大きく変わっていた。日本とロサンゼルスを往復する航空券と、日本とバンクーバーをつなぐ航空券に、運賃差はほとんどなかった。以前はバンクーバーまでの航空券が高く、しかたなくロサンゼルスに飛んだ。ロサンゼルスからバンクーバーまでは、グレイハウンドの期限内乗り放題バス切符を使うことができた。

運賃を検索しながら、少し迷った。ロサンゼルスまで行き、そこからバスでバンクーバーまで行くのが筋ではないか。この旅は三十年前の旅をなぞることが目的だ。しかしバス運賃が余分にかかってしまう。三十年前にはあったアメリパスという乗り放題切符は、すでに廃止されていた。時代は車へ、そして飛行機へと移り、グレイハウンドは厳しい経営を強いられていた。アメリカのバス事情は、前作、『12万円で世界を歩くリターンズ——赤道・ヒマラヤ・アメリカ・バングラデシュ編』に詳しい。買う時期にもよるが、シアトルからロサンゼルスまで一万三千三百三十四円もかかっている。シアトルとバンクーバーは国は違うが、二百三十キロほどしか離れていない。

あのつらく、長いバス旅にも腰が引けた。前作で乗ったシアトルからロサンゼルスの区間は、アメリカ一周旅の最後の区間だった。マラソンでいったらラストスパートなのだろうが、とてもそんな気力はなく、ただ頭のなかをまっ白にして、バスの座席に二十時間以上座っていた。もう、どうにでもしてくれ……といった心境だった。

あのルートをもう一度乗る？　それは必要ないんじゃない？　費用もかかるし……。忠実になぞる旅を考えれば、悪魔の囁《ささや》きなのだが……。二〇一八年にバスでアメリカを一周して以来、グレイハウンドからは頻繁にメールが届く。キャンペーンの案内なのだが、僕は内容も見ずに即座にゴミ箱へ捨てている。ロサンゼルスからグレイハウンドのバスに乗る気には、どうしてもなれなかった。

東京からバンクーバーに向かうことにした。北京経由の中国国際航空がいちばん安く、往復で七万九千九百四十二円だった。

続いてバンクーバーからホワイトホースまでのグレイハウンドを見てみた。三十年前、このルートをバスで走り抜けた。味わい深い道のりだった。夜、乗り込んできたインディアンのおじさんの体からは、酒と焚火《たきび》のにおいがした。バス停近くの小屋で、仲間たちと酒を飲んでいたようだった。北上するにつれ、白人の割合が減っていった。この道はアラスカ・ハイウェーと呼ばれていた。建設がはじまったのは第二次世界大戦中の一九四二年だった。アメリカとカナダは、日本を警戒していた。アラスカの先にあるアリューシャン列島まで、日本軍は勢力をのばそうとしていたからだ。アラスカまで攻め込んでくる可能性すらあった。日本軍の勢いが、アラスカ・ハイウェー建設に走らせたわけだ。バンクーバーから北上する道は、北極圏に近づく道でもあったが、日本に近づくルートでもあったのだ。この道路建設に駆りだされたのは、焚火のにおいをまとったインディアンたちだった。

しかしいくらネットを検索しても、バンクーバーからホワイトホースに向かうバスはヒットしなかった。そこでわかったのは、二〇一八年の十月、グレイハウンド・カナダは、カナダ西部のほぼ全路線から撤退したことだった。車と空路の発達は、グレイハウンドの経営を脅かしていた。しかしアメリカでは、運賃の値あげや減便、アメリパスの廃止などの対応策を繰り返し、なんとか生きのびていた。しかしカナダ西部では撤退まで追い込まれていたのだ。報道のなかには、公共交通の意味を問うものが多かった。ホワイトホース方面は、インディアンをはじめとする先住民族の割合が多くなる。車の所有率の低い彼らが移動の足を失うという指摘だった。貧しい白人層の話も紹介されていた。都市に出稼ぎに出たひとりは、アラスカ・ハイウェーの道端に立っていた。ヒッチハイクで家族のいる街に戻ろうとしていたのだ。

『12万円で世界を歩く』は、そのエリアに暮らす庶民と一緒にバスや列車に乗る旅だった。カナダの先住民族や貧しい白人同様、僕らも困った。

ネットの情報によると、代替手段として、バンクーバー近くから海岸に沿ってホワイトホース近くまで北上する船が紹介されていた。しかしそのサイトを見てみると、海岸美を楽しむツアー船の色あいが強かった。中国人が好みそうなコースだった。グレイハウンドのバスの代わりというには、運賃も高かった。

ホワイトホースまで安く向かう方法――。飛行機しかなかった。もうそういう時代らしい。エア・ノースというカナダの航空会社が、バンクーバーとホワイトホースの間を、往復三万三千七百九十円でつないでいた。

めぐり、めぐり、結局、日本からホワイトホースまでバンクーバーを経由して飛行機で向かうことになった。これしか方法がなかった。三十年前、北極圏オプションになった区間を、陸路で北上することになってしまった。

日本から飛行機を乗り継ぎ、ホワイトホースに着いたとき、夜の十時をまわっていた。北緯六十度四十三分。九月の中旬だから、白夜の名残りのように日没は遅いはずだった。しかし十時をすぎるとさすがに暗い。そしてだいぶ冷えていた。急いでセーターを着込む。空港でレンタカーを借り、夜のホワイトホースの街を走りはじめた。運転は阿部カメラマンである。僕は生まれてこのかた、車の運転をしたことがないという人間である。運転免許をもっていないのだ。車社会に反発するような大義はなく、学生時代、長い休みにはアジアを歩いているうちに、免許をとる機会を逃してしまっただけだった。

いつもの旅と違い、カメラマンに運転という負担がかかってしまう旅である。申し訳なさもあり、三十年前はナビ役を務めた。しかし今回、借りたレンタカーにはカーナビがついていた。スマホで見ることができるグーグルマップもカーナビ代わりになる。僕の役割はなにもなかった。

カナダの北極圏への旅は、このホワイトホースが基点になる。車を借り、食料の買いだし……などをすませなくてはならない。北極圏への道は、ユーコンテリトリーとノースウェストテリトリーズを通っている。ユーコンテリトリーの中心がホワイトホースだ。ユーコンテリトリーの人口の七五パーセントが、このホワイトホースに集まっているというが、ウィキペディアで、その人口を見たとき、思わず、

「少なッ」

と声に出しそうになってしまった。二〇一一年の統計だが、二万三千二百七十六人だけなのだ。その後、人口が増えたとしても、三万人には達していないだろう。

そういうエリアに僕らはやってきたわけだ。

ホテルで、夕食をとれる店を訊いてみた。フロントの男性は、壁の時計を眺めな

ホワイトホース空港。闘うカリブーのはく製は、空港にはそぐわないリアルさ？

夜になるとホワイトホースの空港も閑散。レンタカーオフィスは開いていたが

がら、二ブロック先の中華料理店が一軒、開いているかも……と頼りない口調で教えてくれた。暗く寒い夜道を歩いたが、やはり閉まっていた。

深呼吸をしたくなるような朝だった。冷えた空気が、太陽の光でしだいに暖められていく。

予算十二万円の旅が待っていた。三十年前、北極圏への旅は別の財布だったが、この区間だけで十二万円ぐらいはかかっている。今回はホワイトホースを出発してから十二万円……これが目標だった。

おそらく、レストランで食事ができるのは一回ぐらいになる。アメリカでのグレイハウンドのバス旅と同じように、僕らが向かう先は、まずスーパーだった。

「これしか売っていないの？」

道沿いのスーパーに入り、急に寂しくなってきた。その店の品ぞろえは、さすが人口が三万人にも達しない街の貧相さだったのだ。ぐるりとまわり、かごに入れたのは食パン、チーズ、ディップ、水だけだった。

「朝からこれか……」

阿部カメラマンと顔を見合わせた。

「スタートの朝ぐらいマックに行くか」

隣がマクドナルドだった。ほかに店がないのか、レジには数人の列ができていた。働いているのは全員、インド系カナダ人だった。

ラップの朝食セットを頼んだ。ソーセージや野菜を巻いたラップ、ハッシュドポテトが添えられ、脇にコーヒーという写真がメニューには載っていた。これで七・六五カナダドル、約七百四十二円である。それを受けとり、日当たりのいい暖かそうな席に座り、ラップをかじった。

「ん?」

ガリッとした食感があった。なんだろうか。ラップを開いてみると、そこにもう一枚、ハッシュドポテトが挟まれていた。もちろん、横にはハッシュドポテトが置かれている。つまり朝食セットを頼むと、ハッシュドポテトが二枚ついてくるのだった。このくらいの量がないとカナダ人は満足しないらしい。

以前、カナダでハンバーガーを注文すると、添えられるフライドポテトの量に辟易としたものだった。いくら食べても、その山が低くならないのだ。これを毎日食べているのか……と寒気すら覚えた。あまりに大量のフライドポテトは太る——とやっと気づいた彼らは、ハッシュドポテトになびいていったのかもしれないが、二枚なのである。

空腹だったので、がつがつ食べてしまったが、添えられた二枚目のハッシュドポテトをかじったときは、ウッとなった。日本のマクドナルドの一・五倍ぐらいを平らげたような飽食感が胃から突きあげてくるのだった。

腹をさすりながら助手席に座った。車はホワイトホース市内を、クロンダイク・ハイウェー方向に進んでいた。ハンドルを握る阿部カメラマンが呟くようにいうのだった。

「若い頃は右側通行にすぐ反応したんだけどなぁ。年をとるとやっぱり遅くなる。右側車線、右側車線って何回も自分にいい聞かせないとふっと間違えそうになる」

(大丈夫だろうか)

ふと阿部カメラマンの横顔を見てしまった。自分の年を棚にあげていうのもなんだが、彼も五十歳を超えた。なんだか不安なスタートでもあった。

その日はドーソン・シティまで走るつもりだった。めざすのは北極海に面したトゥクトヤクトゥクだが、その手前にイヌビクという街がある。ホワイトホースとイヌビクを結ぶ長いハイウェーのなかで、唯一の街がドーソン・シティだった。

距離は五百三十五キロ。運転初日だから、腕慣らしのつもりもあった。

ホワイトホースを抜けると圧倒的な紅葉の道がはじまった。九月のこのあたりは、

ホワイトホースからドーソン・シティまでは舗装路。快適な秋のドライブ

レンタカーにはカーナビが。しかし使い方がいまひとつわからなかった

秋本番といったところだろうか。道の両側に広がるシラカバに似た木々の林が一斉に色づいていた。黄に染まった葉が、明るい日射しに輝いていた。

一時間ほど走ると、フォックスレイクという案内が出てきた。三十年前の記憶にこの湖の名前があった。ホワイトホースを出発し、湖畔で昼食をとった。うっとりするような湖だった。湖や周囲の森に人の手が入った痕跡はなにひとつなかった。湖は底の小石までしっかりと見えた。キャンプサイトも控えめだが、必要なものはすべてそろっていた。清潔なトイレ。直径が三十センチはある立派な薪《まき》が用意され、キャンパーは無料で焚木にすることができた。

その湖畔で食べる昼食……。アウトドア派は憧れるのかもしれないが、そこに十二万円の旅がぬっと顔をのぞかせる。三十年前、僕らが食べたのは、アメリカのスーパーで買った安い食パンにプロセスチーズやサラミを挟んだサンドイッチだ。温かいコーヒーがあるわけでもなかった。物価が高い欧米では、店で食事ができない——これが『12万円で世界を歩く』旅だった。三十年前は、ロサンゼルスからグレイハウンドのバスに乗っているわけだから、いつももち歩く免税店のビニール袋には、食パンやチーズやサラミ、空腹を紛らすクッキーやあめなど安い食材がいつも入っていた。フォックスレイクで食べたのも、三日前に買った乾きかけた食パンだった。

——豊かな自然と貧しい昼食。

これは『週刊朝日』に載ったフォックスレイクの写真説明だった。

三十年がたち、僕は六十歳を超えたが、やっていることはまったく同じだった。しかし今回は、ハッシュドポテト二枚攻撃を受け、胸焼けと胃もたれの最中だったが。

キャンプサイトには二台のキャンピングカーが停まっていた。一台は大きな犬を連れた老夫婦だった。僕らは北極海に到達し、その帰り道でもフォックスレイクに寄った。貧しい昼食をとるためだった。五日後のことだったが、キャンピングカーやその前に置かれたテーブルや椅子は一センチも動いていなかった。

クロンダイク・ハイウェーを北上していった。この道はユーコン川に絡むようにつくられていた。クロンダイク川は、今日の目的地のドーソン・シティ近くを流れるユーコン川の支流である。なぜこの支流の名前がハイウェー名になったのかを、その日の夕方に知らされることになる。

フォックスレイクから三時間ほど走った頃だろうか。ハンドルを握る阿部カメラマンが首を傾げていた。

フォックスレイク。湖の透明度も

「なんだかガソリンの減り方が速いんですよ」

その先にペリークロッシングという村があった。ガソリンスタンドの表示が出ていた。村のスーパーの前にセルフ式のガソリンスタンドがあった。満タンにする方法がわからず、クレジットカードを入れて、三十カナダドル分を入れてみた。表示されるガソリンの量と車のガソリンメーターを比べながら、阿部カメラマンは不安そうな表情をつくった。

「この車、ガソリンタンクの容量が少ないみたい。満タンにしても、五百キロも走らないかもしれない」

車は阿部カメラマンが選んだ。僕は運転免許がないから、当然、車の知識はまったくといっていいほどなかった。北極海までの道で、舗装されているのは、ドーソン・シティまでだった。その先は、長い、長い未舗装路が続く。途中からツンドラ地帯になる。その悪路を考えれば、車高の高い四輪駆動車を選ぶのが筋だった。三十年前も同じことを考えた。しかしレンタカー会社のスタッフは、「ホンダにしなさい」と語気を強めた。理由はガソリンスタンドだった。北極圏への道は、給油ポイントが極端に少ないというのだった。頼りになるのはパワーより燃費だった。

出発前、北極圏への道のガソリンスタンドを調べてみた。三十年前とほとんど変

1週間のキャンプは珍しくないとか。ちょっと羨ましい（フォックスレイク）

わらなかった。ということは燃費を最優先にしないと大変なことになる。北極圏への道は、ユーコンテリトリー、ノースウェストテリトリーズを貫いている。ユーコンテリトリーの全人口の七五パーセントが集まるホワイトホースでも、人口が三万人に満たない。人がいないのだ。いや、人が暮らすことが難しい土地なのだ。そこを走る車のガソリンがなくなったら、かなりの苦行を強いられてしまう。

阿部カメラマンが選んだのは、フォードのエコスポーツという車種だった。燃費のよさが基準だった。しかしガソリンタンクの容量までは気がまわらなかったらしい。いや、レンタカーの予約サイトの説明には、そこまで書いていないのかもしれない。今日、走るクロンダイク・ハイウェーは問題なかった。百キロから二百キロの間に、ガソリンスタンドがひとつはあった。気になるのは、明日から挑むデンプスター・ハイウェーだった。うっとりするような紅葉の道を車は進んだ。途中、ユーコン川の支流のスチュワート川に沿って走る区間があった。車を停め、川原に降りてみた。黄に色づいた葉が吹く風に擦《す》れ、かさかさと心地いい音をたてる。

「煙?」

ファインダーをのぞいていた阿部カメラマンが首を捻《ひね》った。目を細めて眺めると、たしかに煙だった。さらに二十分ほど北西に向かってクロンダイク・ハイウェーを進むと、煙の正体がわかった。山火事だった。規模は大きくないが、ところどころから煙があがり、車内にも焦げ臭いにおいが漂ってきた。山火事はアメリカ西海岸のイメージが強い。以前ロサンゼルスから車で数時間の山で火事を見たことがあった。消火活動も行われないほどの規模だったが、それでも近づくと、熱で顔が火照《ほて》った。しかし北緯六十度を超えたエリアの山火事の規模はそれよりも小さかった。ボヤ程度だった。このあたりの林の脆弱《ぜいじゃく》さが伝わってくるようだった。夏も短命だが、秋はもっと短い。そのなかで育つ木々がもつ力はひ弱で、木々の密度も少ないのかもしれなかった。

ドーソン・シティに着いたのは夕方の六時近くだった。三十年前、少しの時間だが、この街を訪ねていた。廃墟だった。木造の建物のいくつかは大きく傾いていた。屋根が落ちてしまった建物もいくつかあった。

ドーソン・シティは、ゴールドラッシュがつくりあげた街だった。街のインフォメーションセンターでもらった資料によると、一八九八年の人口は三万人に達している。

ゴールドラッシュがはじまったのは一八九六年だった。クロンダイク・ゴールドラッシュと呼ばれている。ユーコン川の支流であるクロンダイク川で、大量の金がみつかったのだ。僕らはドーソン・シティの手前で、このクロンダイク川に出合っていた。道の両側が広い川原のように大小さまざまな石で埋めつくされていた。日本や台湾の川の河口近くでよく目にする広い川原に似ていた。険しい山から流れくだる川が運んできた石が堆積していくのだ。しかしカナダ北部の地形は違っていた。丘陵地帯の間を、川がゆっくり流れていく。これまで目にしてきたユーコン川やその支流のペリー川、スチュワート川……どれもそうだった。川原はあっても狭かった。ところがクロンダイク川は……。途中に案内板があった。そこは金を発掘した跡だったのだ。当時の写真も案内板に掲げてあった。クロンダイク川から採掘した土砂をトロッコやベルトコンベヤーで運び、水をかけ、そのなかから金をみつけていく。トロッコを運ぶ線路まで敷かれていた。

アメリカ西海岸からやってきた男たちが多かったという。金を求めて、ユーコン川を遡ってきたわけだ。彼らはクロンダイク川を徹底的に掘り起こしていった。ドーソン・シティの記録では、人口が三万人となっているが、実際は十万人を超えていたという話もある。この土地は、もともと先住民が魚や動物を捕るための小屋がある程度だったという。そこに、人間の欲が乗り込んできたわけだ。ドーソン・シティのある場所は、クロンダイク川がユーコン川に合流する地点である。ゴールドラッシュを支える地の利を得ていた。ここから採掘した金は、二兆カナダドルにも達したという。日本円にすると百九十四兆円である。

しかしその後、ゴールドラッシュはアラスカに移っていく。ドーソン・シティの人口は一気に減っていく。一九七一年には七百六十二人にまで減ってしまった。僕らが訪ねた三十年前、つまり一九八九年の記録はないが、一九八六年の人口は八百九十六人である。三十年前は九百人程度が暮らす街ではなかったかと思う。

人が去った採掘の街は切ない。日本の九州や北海道に残る炭住の跡を歩いたとき、

アメリカのアリゾナ州でもこんなリノベーションタウンを見たような……

ユーコンテリトリーの車のナンバープレート。大自然ではなく金です

松尾芭蕉が詠んだ、〝夏草や兵《つわもの》どもが夢の跡〟という句を思い出したものだった。三十年前のドーソン・シティは、そんな寂寞とした空気に包まれていた。

しかしドーソン・シティは変わっていた。朽ち果てそうだった家々に人の手が入り、リノベーションされ、アーリーアメリカン調のホテルやレストランに変わっていた。メイン通りを歩くと、西部劇のセットのなかにいるような気分になった。ゴールドラッシュ時代を再現した観光地ということらしい。二〇一六年には、人口も二千人を超えるまでになっていた。

この街ですることがあった。翌日から走るトゥクトヤクトゥクまでのデンプスター・ハイウェーの情報を集めることだった。しばしば通行止めになるという情報もあった。ガソリンスタンドの位置も確認しておきたかった。借りたフォードのエコスポーツは、燃費に問題はなかったが、ガソリンタンクの容量に不安があることに気づいていた。そういった情報は、街のインフォメーションセンターで集まるようだった。

まるで図書館のようだった。資料も充実していた。通行止めの区間はなかった。女性スタッフは、地図をとりだし、そこにさまざまな情報を書き込んでくれた。デンプスター・ハイウェーは、イヌビクの手前で、ピール川とマッケンジー川を渡る。

インフォメーションセンターは、この一帯の歴史を勉強するには最適

そのフェリーの運行時間。そしてガソリンスタンドの位置に「G」と記入してくれた。やはり少ない。二カ所しかなかった。

「クロンダイク・ハイウェーとデンプスター・ハイウェーが交差するところにもあるけど、閉まっていることが多いんです。安いのはフォート・マクファーソンのガソリンスタンド。でもここから五百九十キロぐらいあるんだけど。あとタイヤは大丈夫?」

「タイヤ?」

「小さいタイヤの車は、デンプスター・ハイウェーは走らないほうがいい」

「フォードのエコスポーツっていう車

なんですけど」

彼女はスマホで検索し「たぶん大丈夫」だと伝えてくれた。小さいタイヤは、バーストやパンクを起こしやすいのだという。こういったサービスはカナダだった。たいして役にたたないアジアの案内所とは違う。

「なんとか行けそうだ」

インフォメーションセンターを出、宿への道を歩きながら、顔や頭にまつわりつく虫を追い払っていた。インフォメーションセンターに行くときから気になっていた。やたら小さな虫が多いのだ。ときに耳のなかに入ってくる。響く羽音に、急いでとり払う。夜の七時。夕暮れにはまだ少し間がある時間帯は、蚊に刺されることが多い。

蚊——。

三十年前のかゆさが蘇ってくる。アジアに出向くことが多いから、蚊には悩まされてきた。最近のアジアは都市化が進み、東京にいるときのほうが蚊に多く刺されたりするが、夜、プーンと鳴る羽音には、つい神経質になってしまう。しかしツンドラの蚊は、そういうレベルを超えていた。この章の九三ページを読み返してみてほしい。短い夏の間に、一気に繁殖するツンドラの蚊はただ者ではなかった。

ドーソン・シティを飛び交う虫は蚊ではなかった。小バエの類いだろうか。刺されないことに安堵はしていたが、この夥しい数の攻撃スタイルは、ツンドラの蚊と同じだった。

以前、訪ねたのは六月だった。いまは九月である。ドーソン・シティの宿に中国人ツアー客が泊まっていた。添乗していた中国人のツアーガイドと英語で交わした会話を思い出した。彼らはオーロラを見ることが目的だった。

「九月がベストシーズンです」

それはツンドラの蚊が姿を消すことを意味するのだろうか。ザックのなかには、持参した蚊とり線香が入っていた。明日は、そのツンドラ地帯に突入することになる。夜中の一時に、トイレに行った。泊まった宿のトイレは外にあった。ふと見あげると満月だった。九月がベスト……。ぼんやりとその月を見つめていた。

朝六時に起きた。まだ暗い。気温四度。ホワイトホースよりさらに寒い。ホテルのフロントにコーヒーが用意してあるといわれたが、まだ誰もいなかった。しかたなく、なにも食べずに出発した。

クロンダイク・ハイウェーを四十キロほど戻ると、デンプスター・ハイウェーの分岐に出る。そこから未舗装路がはじまる。ここからガソリンスタンドのあるイーグルプレインズまで約三百七十キロ。ガソリンタンクは満タンにして走りはじめたが、なんとかガソリンが底をつかずに辿り着いてほしい。道の状態と車に頼るしかない。

未舗装だが、道は思った以上に平坦だった。途中のキャンプサイトで朝食をとった。前日の夜、ドーソン・シティのスーパーで買ったパンにチーズを挟むいつもの食事だったが、気温が低く、キャンプサイトのベンチに座ることもできなかった。やがて分水嶺を越えた。太平洋に注ぐユーコン川水系と北極海に向けて北に流れていくマッケンジー水系の境だった。それは唐突な変化だった。それまで晴れ間もしばしば現れた空が白く変わっていった。全体が白濁していく感じだった。おそらく霧だった。北極海から吹き込む冷たい風が、分水嶺に向かって上昇し、霧を生んでいるのかもしれなかった。北極圏に近づいていることを、霧が教えてくれるのだろうか。

濃い霧だった。走っていると、十メートル先に、大きなトラックがぬっと現れたりする。視界のないなかを車は粘り強く進んでいく。途中、ビューポイントを示すカメラのイラストが描かれた看板があった。休憩を兼ねて車を降りてみた。ピール

デンプスター・ハイウェーを進む。未舗装だが走りやすい。はじめのうちは

寒さに震える朝食。このすぐ近くでキャンパーが焚火。羨ましかった

川の流れが眼下にあるようだが、なにひとつ見えなかった。

イーグルプレインズのホテルに着いたのは午後の一時だった。ドーソン・シティと北極海に近いイヌビクの間は七百七十六キロほどある。その間にある唯一の宿泊施設だった。

途中から霧も薄くなり、たまに日も差しはじめた。その光を反射する建物が見えてきたときは、きつい山道に汗を絞り、やっと山小屋を目にしたときのような心境だった。三時間近く、視界のない霧のなかを進んできたのだ。

残り少なくなっていたガソリンタンクを満タンにし、ホテルのカフェで、二カナダドル、約百九十四円のコーヒーでひと息ついた。淹《い》れてから時間がたち、風味も薄れかけていたが、温かいだけでありがたい。入口の看板には、「an oasis in the wilderness」と書かれていた。

たしかに荒野のオアシスだった。三十年前も世話になった。イヌビクからの帰り道だった。夜の十時頃にこの宿に着いた。しかし満室。なんとか頼み込み、ロビーの床に寝かせてもらった。戸の開け閉めの間に蚊が入り、羽音になかなか寝つけなかった記憶があるが、このホテルに断わられたら、僕らは車のなかで寝るしかなかった。やはりオアシスだった。

この霧のなかを延々と進んだ。北極圏への旅は忍耐力が必要？

イーグルプレインズは車にもオアシス。ガソリン代は高いが

しかし三十年がたったいまも、ドーソン・シティとイヌビクの間には、この宿しかないというのはどういうことだろうか。ドーソン・シティの廃屋はホテルになったというのに。イヌビクまでの状況はなにひとつ変わっていなかった。それだけ訪ねる人が少ないということなのかもしれないが、途中にもう一軒ぐらいあっても……と思うのだ。ふり返ってみれば、ドーソン・シティとこのイーグルプレインズの間に、宿どころか、売店ひとつなかった。アジアでは考えられないことだった。欲がないのか、自然保護が目的なのか。七百七十六キロの道の途中にある宿は一軒……これがカナダということなのだろうか。

コーヒーを飲みながら、蚊がいないことに気づいた。三十年前、僕らは昼間も蚊に攻められていた。しかし今回は一回も刺されていない。九月になると、蚊も姿を消してしまうのかもしれなかった。いや、いちばん多かったのは、この先に広がるツンドラ地帯である。そこで蚊は、手ぐすね引いて待っている気もした。

先を急いだ。今日、泊まる予定のイヌビクまではまだ三百六十キロ近くある。イーグルプレインズを出発して四十分ほど走ったところで、北極圏に入った。北緯六十六度三十三分。ようやくここまできた。再び霧が出はじめた。しかしイーグルプレインズ手前の霧とは質が違った。霧のなかを走っていたかと思うとくっきりと前

イーグルプレインズのホテルのロビー。30年前、この床に寝かせてもらった

方の道が見えるようになる。そしてしばらくするとまた霧のなか……それが定期的に繰り返されるのだ。

デンプスター・ハイウェーは、犬ゾリのルートをなぞっていた。多いときは十一の犬ゾリチームがあり、ドーソン・シティとピール川の脇にあるフォート・マクファーソンの間、約五百九十キロを結んでいたという。犬ゾリが現代のトラック代わりだったのだ。そのためだろうか。デンプスター・ハイウェーはこんもりとした山の頂を渡っていくようにつくられていた。鞍部《あんぶ》を走っているときは道がしっかりと見え、頂になると霧のなかになる……。

理由は霧というか雲だった。地上三

十メートルほどのところに、白い塊が帯状に浮いているのだ。不思議な雲だった。北極圏では、こんなところに雲ができるのだろうか。車が山の頂を走るときはその雲のなかに入り、白の世界になる。しかしその先、山からくだると雲の下に出、視界が開けていく。普通、雲は風に流され、動いていく。しかし北極圏の雲はその低い位置に留まっていた。

北に向かっていく道は、山に登っていくような感覚だった。標高はあがらないが、しだいに高山気候にわけ入っていくような気分になる。しかし日本の山で、地上三十メートルのところで止まってしまう雲は見たことがない。

雲のなかで州境を越えた。山の頂がユーコンテリトリーとノースウェストテリトリーズのボーダーになっていた。そこにグウィッチン族の居住区が示されていた。グウィッチンはインディアンの一部族で、この周辺に約七千人が暮らしているという。カナダ先住民の彼らは、ユーコンテリトリーにも暮らしていたが、最北の州に入ると彼らの割合が多くなる。どこか先住民世界に入っていくような気になる。この先にはイヌイットも暮らしていた。ユーコン川水系とマッケンジー川水系の分水嶺が北極圏気候に入り込む入口だったような気がする。そしてこの州境が、北の民族の世界と南に広がるカナダを分けているようにも映る。デンプスター・ハイウェ

この丘の先で前方の雲のなかに入る。世界は一気に白くなる。その繰り返しだ

ーには、目に見えない、いくつかのボーダーが潜んでいた。

坂道を一気にくだった。そして道がぬかるみはじめた。マッケンジー川のデルタ地帯に入ってきた。ツンドラらしい地形が眼前に広がっていた。最初にピール川を越える。川幅は広くない。ツンドラ地帯は、夏になると表面が解ける。そんな地質では橋をつくることはなかなか大変らしい。

同じ話を中国の青蔵《シーザン》鉄道で聞いた。この鉄道は、標高五千メートルを超えるチベット高原を走る。この一帯の地面も凍っている。一年中、凍っていてくれれば、鉄道を敷くことはそれほど難しくはないらしい。しかし、夏、表面が解けてしまうと始末が悪い。そのため、杭を深く打ち、地面の温度があがらない工夫を施さなくてはならないという。

フェリーを待ちながら、その運行スケジュールを眺めていた。このフェリーが動くのは、六月から十月中旬までだった。十一月下旬から四月三十日までは氷の橋を渡ると記されている。氷の橋？　たぶん川が全面結氷《けっぴょう》し、その上を車が通るのでフェリーの必要はなくなるということのようだった。つまり、橋をつくっても、そこを車が使うのは五カ月と少しだけなのだ。橋などつくらなくてもなんとかなる、という発想なのかもしれなかった。

「でも、十月中旬から十一月下旬、それと五月。そこが抜けている」

阿部カメラマンに声をかけた。

「その間は、車が渡れるほど氷は厚くないけど、フェリーが運航するには氷が張って……ということでしょうか」

阿部カメラマンも首を傾げる。

「もしそうなら、この先にあるフォート・マクファーソンやイヌビク、トゥクトヤクトゥクは、その間、陸の孤島になるってこと？」

「そうですよね」

マッケンジー川もフェリーで越えた。車から出たが、寒さで１分後には車に

その夜、イヌビクのホテルで確認してみた。その通りだった。陸路輸送での物資は届かないのだという。頼りは飛行機だけになってしまうようだった。日本なら、その期間も考えて橋をつくるような気がした。しかし、イヌビクのホテルのスタッフは、その状況になんの疑問ももたないようだった。それが北極圏の流儀だといっているような気もした。ホテルの女性スタッフは、こう続けた。

「その間に、サケが遡上するんですよ」

「サケ？」

そういうことだったのか。サケは生まれた川に戻ってくる。しかし戻る時期まで遺伝子に組み込まれているということなのだろうか。水温に反応するのかもしれなかった。

フェリーを運転するのは、話し好きのインディアンのおじさんだった。イーグルプレインズのホテルを出発してから約四時間半。久しぶりに人に会ったような気がする。

「トゥクまで行くのかい？」

「トゥク？」

それがトゥクトヤクトゥクのことだとわかるのに少し時間がかかった。この地名が発音しにくいのはインディアンも同じらしい。地元ではトゥクで通っていた。

ピール川とマッケンジー川が合流する地点だった。ここにフォート・マクファーソンとトサイイジチックという、発音が難しい村があった。川に沿った平地になり、村も現れてきたが、道はますますひどくなっていった。車を降りてみると、靴は土のなかにめり込み、転びそうになった。ドアに触れてしまったズボンにはべったりと泥がついてしまった。車を見ると、すっかり変色していた。明るい赤系の車体だったが、その上に泥がへばりつき、茶色の車になっていた。ナンバーはもちろんなにも見えない。三十年前に訪ねたときもぬかるんではいたが、ここまでにはならな

イヌビクに着き、車の泥をとろうと思ったが……。すぐに諦めました

かった。六月だったから、凍土がそれほど解けていなかったのかもしれない。いや、これが温暖化なのか。今回はあの無数の蚊はいなくなっていたが、道が実体をなくしかけていた。ハンドルをとられながら、車はよろよろと進み、やがてマッケンジー川をフェリーで越えた。川の流れはかなり速く、フェリーはだいぶ流されて対岸に着いた。しかしこの流れも一カ月半後には凍りついてしまうのだ。

フェリーが着いた地点からイヌビクまでは百二十八キロあった。

イヌビクの入口で、スマホを眺めていた。ドーソン・シティを出発して以来、ようやくスマホが電波を拾った。

モバイルWi-Fiルーターをレンタルしていたが、朝からなんの反応もなかった。ホテルを検索してみた。三軒のホテルが出てきた。一軒のホテルに、ツインで一万五千円ほどの部屋があったが、すでに満室だった。一応、ホテルのフロントに訊いてみたが、やはり部屋はなかった。軒並みあたるしかなかった。といっても三軒である。イヌビクはそれほど大きな街ではない。三軒目のマッケンジーホテルで、ようやく部屋がみつかったが、ツインが一泊二四〇・四五カナダドルもした。日本円で約二万三千三百二十四円である。三十年前は、ツイン一泊が百十カナダドルだった。二倍以上に値あがりしていた。欧米のホテルは、しっかりとインフレの波に乗っている。イヌビクのホテルが特別に高いわけではなかったが、十二万円という予算のなかではかなり響いた。しかしほかに選択肢はなかった。

イヌビクの街に二軒ある雑貨屋のような小さなスーパーの店先にある手すりが、僕らの朝食のテーブルだった。一・五カナダドル、約百四十六円のコーヒー。やはり一・五カナダドルの激甘クッキー。これが二日続いた僕らの朝食だった。店員は皆、インディアン系だった。客も大半がインディアンだった。朝から酔っぱらっている老人もいたが、大半が蛍光ラインテープがついたジャケットを着ていた。とき

朝のコーヒーだけが楽しみという貧しい旅。店員もそんな僕らを憐れんでいる？

毎朝、ここでコーヒーを啜っている東洋人。イヌビクで話題になっていたかも

おり、白人もやってきたが、やはり同じジャケットで、靴は泥で汚れていた。この店の客のほとんどは現場仕事組だった。道路工事や建築業だろうか。やってくる若い女性も蛍光ラインテープ組がいる。この街には、そんな仕事しかないのかもしれなかった。

一泊ツインで二万円を超える部屋にチェックインした時点で、レストランでの食事は、北極海から吹きつける風に飛ばされるように消えてしまった。そもそも、イヌビクには、レストランがほとんどなかった。ホテル内で見ただけだった。大型スーパーが一軒あったが、イヌビクに着いたとき、すでに閉まっていた。頼みはこの小さなスーパーだけだった。そこで冷凍ピザを買い、パンと野菜を買った。幸い、ホテルには電子レンジがあった。

「せっかくここまで来たんだけどな。サケぐらい、一回は食べたいよな」

そう思って、小さなスーパーのなかを歩く。といっても三十秒でまわり終えてしまう店では、北極圏のにおいのするものがなにもなかった。翌日、トゥクトヤクトゥクから戻り、大型スーパーに入ってみたが、いくら探しても、サケはもちろん、魚介類はまったくなかった。肉類ばかりなのだ。三十年前、大型スーパーはなかったが、魚はあった。インディアンたちが小さな店を構えて売っていた。

大型スーパーで見つけた魚は缶詰だけ。それもマグロ。北極圏の憂鬱

犬ゾリに代わってスノーモービルの時代。でも、1台100万円もする

が。

「なぜ魚がないんだろう」

その謎は、ホワイトホースへの帰り道、インディアンの村で知ることになるのだが。

トゥクトヤクトゥクへの道は、ピール川とマッケンジー川が合流するあたりほどひどくはなかった。しかし車を降りると、靴は土に沈み、厚いクッションの上を歩いているようだった。

風景は寂しかった。膝丈を超える木は少なく、枯れることを待つだけのような草が零度近い風に揺れていた。ときどき壊れたスノーモービルが道の脇に放置されている。道路完成から二年しかたっていないのだが、どこかささくれ立った空気に支配されていた。

三十年前、この道はなかった。トゥクトヤクトゥクへは飛行機を使った。小型のプロペラ機がアクラービクとトゥクトヤクトゥクをまわっていた。冬の間は、スノーモービルで簡単に行けるのだが、凍土が解けると、飛行機しか足がなくなってしまうのだという。

乗ったのは十人乗りの双発プロペラ機だった。北極海からの風にあおられるように飛びたった。眼下には池と草原が広がり、ところどころに雪も残っていた。上空から眺めると、気もちのよさそうな風景にも映ったが、地上に降りると、荒涼とした世界が広がっていたのかもしれなかった。

しかし今回は車だ。イヌビクから一時間ほど走っただろうか。前方に小山が見えてきた。ピンゴと呼ばれる凍土のドームだった。高さは五十メートルほどだろうか。この小山ができる過程を図示した看板があった。まず永久凍土の一部が解ける。水が地下に溜まり、それが再び凍結すると、表面の土を押しあげ、ドーム状の山をつくるのだという。

しばらく進むと、「トゥクトヤクトゥクにようこそ」という看板が立てられていた。この村は別名、ピンゴの村といわれると書かれていた。小山が点在する地形は背のびをしたくなる風景美だったが、この山は氷がつくった山だと思うと、厳しい自然に足が竦みそうになる。それを村のシンボルにするのも……という気にもなる。まあ、それ以外、なにもない、ということかもしれないが。

トゥクトヤクトゥクの村に入った。地図を頼りに、村の最北端に出た。「ARCTIC OCEAN」という標識が立てられていた。北極海である。北緯六十九度二十七分。今回のルートの最北端だ。鈍色《にびいろ》の海が目の前に広がっている。強風にあおられた波がコンクリートブロックに砕けている。

海岸でテントを探した。三十年前、ここでイヌイットの中年女性を目にしていた。彼らは僕らと同じモンゴロイドだ。

――この村の北海岸に数個のテントや掘っ立て小屋が並んでいた。これがイヌイットの〝夏の家〟だった。近づくと、おばさんは粗末なテントのなかに隠れてしまったが、その顔は日本の片田舎で出会うおばさんを思い出させた。あのときの表情を、三十年がたったいまでも覚えている。おとなしそうな女性だった。体も小さかった。日本人より日本を感じたためだろうと思う。

しかし海岸にはひとつのテントもなかった。かつての掘っ立て小屋は、立派な二階建ての家になっていた。三十年前に見たのは、氷が解ける夏だけの仮の家だった。海が氷で埋めつくされれば、沖へ移っていくのだ。しかしいま、目にする家からは暮らしのにおいがしてくる。

カナダ政府は、イヌイットの定住化を進めた。医療や子供たちの教育を考えれば、冬の間に陸地を離れ、男たちの猟につきそう暮らしは問題が多かった。しかし陸の上で暮らせといわれても、イヌイットには生きていく手段がなかった。政府からの援助に頼ることになる。しかしその金は、男たちの酒代に消えていく。先住民と呼ばれる民族は、狩猟系の人たちが多い。彼らの体に流れる血はおおらかだ。せち辛

誰が見ても北極海とわかるのだが、一応、看板。インスタを意識したんだろうか

だから看板の裏にまわると……到達記念のシールが。そういうもんでしょうな

い農耕民族とは違う。しかしその血が、援助に染まると、まるで化学反応を起こすかのように、腐ったにおいを発してしまう。世界のさまざまなエリアで起きていることだ。

三十年前、このエリアで目にしたインディアンたちがそうだった。彼らは蚊が唸《うな》るツンドラ地帯に建てられた粗末な小屋のなかで酒に酔いつぶれていた。見てはいけないものを目にしてしまったような気分だった。やがて秋を迎え、サケの遡上がスイッチを押すかのように彼らの目が輝いてくるのに違いなかった。川や海が凍ると、その上を自在に移動し、日本ではトナカイと呼ばれることが多いカリブーを仕留めていく。彼らの背はしゃきっとのびるのだ。しかし援助には、その精気を奪いとっていく構造が潜んでいた。

イヌイットもそうだった。男たちの体は、アルコールにむしばまれていったという。定住化とは、彼らのアイデンティティーを失っていく暮らしを強いていくことだったのだ。

そんななかで、インディアンやイヌイットは、生き方を模索していくことになる。三十年前、北極海沿岸にはコンビナートがつくられていた。油田開発が進んでいたのだ。しかし今回、訪ねてみると、それらしき建物が見えなかった。調べると、い

サケの燻製小屋。はじめはここが、イヌイットの夏の家かと思った

本音をいえば、サケ、食べてみたかった。結局30年前も今回もサケは味わえず

まは開発は止まっていた。政府は油田開発で、インディアンやイヌイットに雇用を生みだそうとしたのかもしれない。しかし油田開発に反対するインディアンたちもいた。一部のグウィッチン族だったという。主にノースウェストテリトリーズに暮らす彼らは、油田開発でカリブーの猟の場がなくなっていくと主張した。

しかし多くのインディアンやイヌイットは、現代社会に呑み込まれるように生きていくしかなかった。道路建設やスーパーの店員……。仕事は限られている。海岸に沿って、サケの燻製《くんせい》小屋が並んでいた。誰もいなかったが、すき間からなかをのぞくと、サケが吊るされ、その下にある熾《おき》から細い煙の筋がたち昇っていた。入口にはテーブルが置かれていた。おそらくここにやってきた観光客が、スモークサーモンを食べるのだろう。九月のいま、海岸には僕らしかいないが、七月や八月には、もう少しはにぎわうのかもしれない。この小屋からの収入も、彼らの暮らしを少しは支えるのだろうか。

トゥクトヤクトゥクは、北極海にへばりつくような小さな村だ。人口は千人にも満たない。そのなかを歩いてみる。イヌイットの少年たちが、四輪バギーを乗りまわしている。彼らが交わす言葉は流暢な英語だ。日本人かと思う顔立ちの中年女性たちとすれ違う。

タッチョーネの男の仕事は森林管理だという

「照れ屋なんだろうか」

彼女らは僕らと目が合っても、笑顔ひとつつくらなかった。表情がどこか暗い。

「とりつく島がないですよね」

カメラをのぞく阿部カメラマンが呟くようにいった。

「戻ろうか……」

北極海まで辿り着いた達成感はなかった。北極海から吹きつける氷点下の風が頬に痛い。もう冬は近い。

翌日からホワイトホースに向けて走り続けなくてはならない。その距離は千百キロを超える。

イーグルプレインズで一泊し、その次の日は、ペリークロッシングの村のモーテルに泊まった。ノースウェストテリトリーズからユーコンテリトリーに入ると、気温があがり、太陽も明るくなる。ペリークロッシングのガソリンスタンド兼売店の前で座っていると、ひとりの男が声をかけてきた。タッチョーネだといった。インディアンの一部族だった。

「来月になるとサケが遡上してくる。三波に分かれてあがってくるんだ。それはすごいよ。でもね、資源保護の目的で漁獲量は厳しく制限されているんだ」

「捕ったサケは売るんでしょ」

「政府が全部買っていく」

イヌビクのスーパーにサケがないのはそのためかもしれなかった。

「環境を守ることは大切だからね」

話していると、山から銃声が聞こえた。猟をしているようだった。彼の体がぴくッと動いた。彼はインディアンだった。

総費用は二十四万八千六百八十三円もかかってしまった。三十年前に比べ、ガソリン代やレンタカー代があがり、ホテル代も二倍以上に値あがりしていた。これが堪えた。

コラム　**カナダの先住民**

北極圏をめざすときに走るユーコンテリトリー、ノースウェストテリトリーズは、もともと先住民の土地だった。そこに毛皮を求めるヨーロッパ系の人々が入り込み、やがて迎えるゴールドラッシュで入植が進んだ。

カナダの先住民は三グループに分かれる。イヌイット、メティ、ファースト・ネーションである。イヌイットはエスキモー系の民族、メティは先住民とヨーロッパ系の混血の人々、先住民がファースト・ネーションである。

ファースト・ネーションはカナダ・インディアンである。インディアンという呼び方はこれまで、紆余曲折を経てきた。一時は差別的な表現とされた。いまでは使うことができる。アメリカでは、一時、ネイティブ・アメリカンといわれることが多かった。しかしそれはアメリカの話。カナダでは別の文脈が流れているわけだ。

以前のアメリカ流のいい方に倣うなら、ネイティブ・カナディアンとなるのだが、その呼び方はカナダでは一般的ではない。資料を読むと、ファースト・

ネーションやネイティブ、バンドと呼ばれることが多い。

北極圏へのエリアでしばしば出会った先住民はグウィッチンだった。ユーコンテリトリーからノースウェストテリトリーズに入る境界に、いくつかの案内板が掲げられていた。それに示されていたのはこの一帯のグウィッチンの居住エリアだった。北極海をめざす人々に、自分たちの存在を誇示しているようにも思えた。

グウィッチンの居住エリアはかなり広かった。住んでいる街は、イヌビク、フォート・マクファーソン、アクラービクなどが示されていた。存在感が伝わってきた。

僕らは北極圏エリアで、イヌビク、トゥクトヤクトゥク、フォート・マクファーソンを訪ねた。トゥクトヤクトゥクはイヌイットが多いが、それ以外のエリアではグウィッチンと接することが多かった。イヌビクの雑貨屋で、僕らはグウィッチンの女性からコーヒーを買っていたわけだ。

北極圏に向かう道を走っていたとき、フォート・マクファーソンの手前にミッドウェイレイクという表示があった。家が何棟も建っていた。気になったので、帰りに寄ってみた。村かと思っていたが、誰もいなかった。バンガローが

フェリーで働いていたグウィッチン。氷点下の風のなかでこの笑顔

フォート・マクファーソンにもグウィッチンが多い。この女性も

数十棟並び、その奥にステージがあった。掲げられていた看板を見ると、毎年八月の三日間、ここで音楽フェスティバルが開かれるようだった。すでに三十回を超えているという。

このフェスティバルを開いているのがグウィッチンだった。観光客も五百人以上集まるという。皆、泊まり込み。先住民の音楽を楽しむフェスティバルだった。一時、急増した先住民のアルコール依存を防ぐため、ノーアルコールのフェスティバルのようだ。

後日、ユーチューブで、フェスティバルの様子を見てみた。グウィッチンたちの顔が輝いていた。

明細書●いまむかし

＊両替レートは時と場所によって多少異なるため、総計額と差がでる場合がある。

1989年7月

1アメリカ・ドル＝約140円
1カナダ・ドル＝約128円

飛行機（東京⇕ロサンゼルス往復）……9万円
アメリパス（15日間）……2万9900円

■1日目
バス（ロサンゼルス空港→ダウンタウン）……1・1アメリカ・ドル
コーラ……0・8アメリカ・ドル
電話代（リコンファーム）……0・25アメリカ・ドル
パン（3斤）……0・42アメリカ・ドル
コーヒー……0・53アメリカ・ドル

■2日目
コーヒー……0・45アメリカ・ドル
コーヒー……1アメリカ・ドル
パン（3斤）……0・34アメリカ・ドル
ホテル（バンクーバー）……20・5カナダ・ドル
ビール……1・9カナダ・ドル

2019年9月

1カナダ・ドル＝約97円

飛行機（東京⇕ホワイトホース往復）……11万3732円

■1日目
ジャパドック……8・82カナダ・ドル
ホテル……42・67カナダ・ドル

■2日目
朝食（マック）……7・65カナダ・ドル
食料（スーパー）……12・46カナダ・ドル
ガソリン……15カナダ・ドル
ガソリン……18・37カナダ・ドル
食料（ドーソン・シティのスーパー）……7・24カナダ・ドル
夕食（金村）……32・84カナダ・ドル
ホテル……44・89カナダ・ドル

■3日目
ガソリン……27・15カナダ・ドル
昼（イーグルプレインズ）……9・85カナダ・ドル

■4日目

■3日目

コーヒー……0・8カナダ・ドル
コーヒー……0・95カナダ・ドル
オレンジ……0・75カナダ・ドル
紅茶……0・75カナダ・ドル
コインロッカー……0・5カナダ・ドル

■4日目

紅茶……0・6カナダ・ドル
コーヒー……0・75カナダ・ドル
コーヒー……0・5カナダ・ドル
パン（3斤）……0・72カナダ・ドル

■5日目

5日目から10日目までは北極圏オプション
朝食（マクドナルド）……2・7カナダ・ドル
食料（パン、チーズ、ハム、野菜、クッキー、ジュース、バター、ジャム等）……27・81カナダ・ドル
コーラ……1カナダ・ドル
ガソリン……10カナダ・ドル
ホテル（クロンダイクリバーロッジ）……25カナダ・ドル

■6日目

ガソリン……6・24カナダ・ドル
ガソリン……13・3カナダ・ドル
コーヒー……1カナダ・ドル
ホテル（イヌビク、フィントモーターイン）……55カナダ・ドル

■7日目

朝食……4・5カナダ・ドル
ガソリン……29・5カナダ・ドル
ガソリン……23・6カナダ・ドル
食料（スーパー）……8・98カナダ・ドル

■5日目

ホテル（2泊分）……240・45カナダ・ドル
朝……3カナダ・ドル
昼……10・3カナダ・ドル
ガソリン……11・23カナダ・ドル
ガソリン……17・2カナダ・ドル
ホテル……89カナダ・ドル

■6日目

朝……4・85カナダ・ドル
ガソリン……26・33カナダ・ドル
ホテル……70カナダ・ドル
洗車……6・5カナダ・ドル
夕食……14・45カナダ・ドル

■7日目

朝……5・9カナダ・ドル
ガソリン……10カナダ・ドル
ガソリン……25・9カナダ・ドル
レンタカー……397・04カナダ・ドル
ホテル……127カナダ・ドル
電車……8カナダ・ドル
夕食……17・78カナダ・ドル

■8日目

コーヒー……1カナダ・ドル
飛行機……169カナダ・ドル
チップ……1カナダ・ドル

■8日目

朝食（イーグルプレインズのホテル）……6・5カナダ・ドル
ガソリン……14・5カナダ・ドル
蚊取り線香……1・63カナダ・ドル
パン（3斤）……1・15カナダ・ドル
洗車……1カナダ・ドル
ホテル（クロンダイクリバーロッジ）……25カナダ・ドル
ビール……3カナダ・ドル

■9日目

ガソリン……12カナダ・ドル
コーヒー……0・15カナダ・ドル
ホテル（ホワイトホース、センターモーターイン）……27・25カナダ・ドル
ビール……1・75カナダ・ドル

■10日目

朝食（マクドナルド）……2・7カナダ・ドル
ガソリン……9・25カナダ・ドル
レンタカー
レンタル料（5日分）……142・38カナダ・ドル
走行料（3010キロ。フリー走行1日50キロ。1キロ0・23カナダ・ドル）……317・4カナダ・ドル
保険（2種）……31・13カナダ・ドル

朝……4・8カナダ・ドル
電車……8カナダ・ドル

計
日本円……11万3732円
カナダ・ドル……1391・25ドル
総計……24万8683円

コーラ……………………1カナダ・ドル

■11日目
コーヒー…………………0・75カナダ・ドル
パン（3斤）………………0・39カナダ・ドル
コーヒー…………………0・65カナダ・ドル
コーヒー…………………0・6カナダ・ドル

■12日目
コーヒー…………………0・65カナダ・ドル
グレープフルーツジュース……0・95カナダ・ドル

■13日目
コーラ……………………0・75アメリカ・ドル
コーヒー…………………0・75アメリカ・ドル
トイレ……………………0・1アメリカ・ドル
コーヒー…………………0・5アメリカ・ドル

■14日目
コーヒー…………………0・85アメリカ・ドル
バス（ダウンタウン→ロサンゼルス空港）
……………………………1・1アメリカ・ドル

計
日本円（航空券、アメリパス）……11万9900円
アメリカ・ドル……8・94ドル
カナダ・ドル……943・55ドル
総計……24万2051・1円
（北極圏オプション分……11万6162円）

第三章　長江編

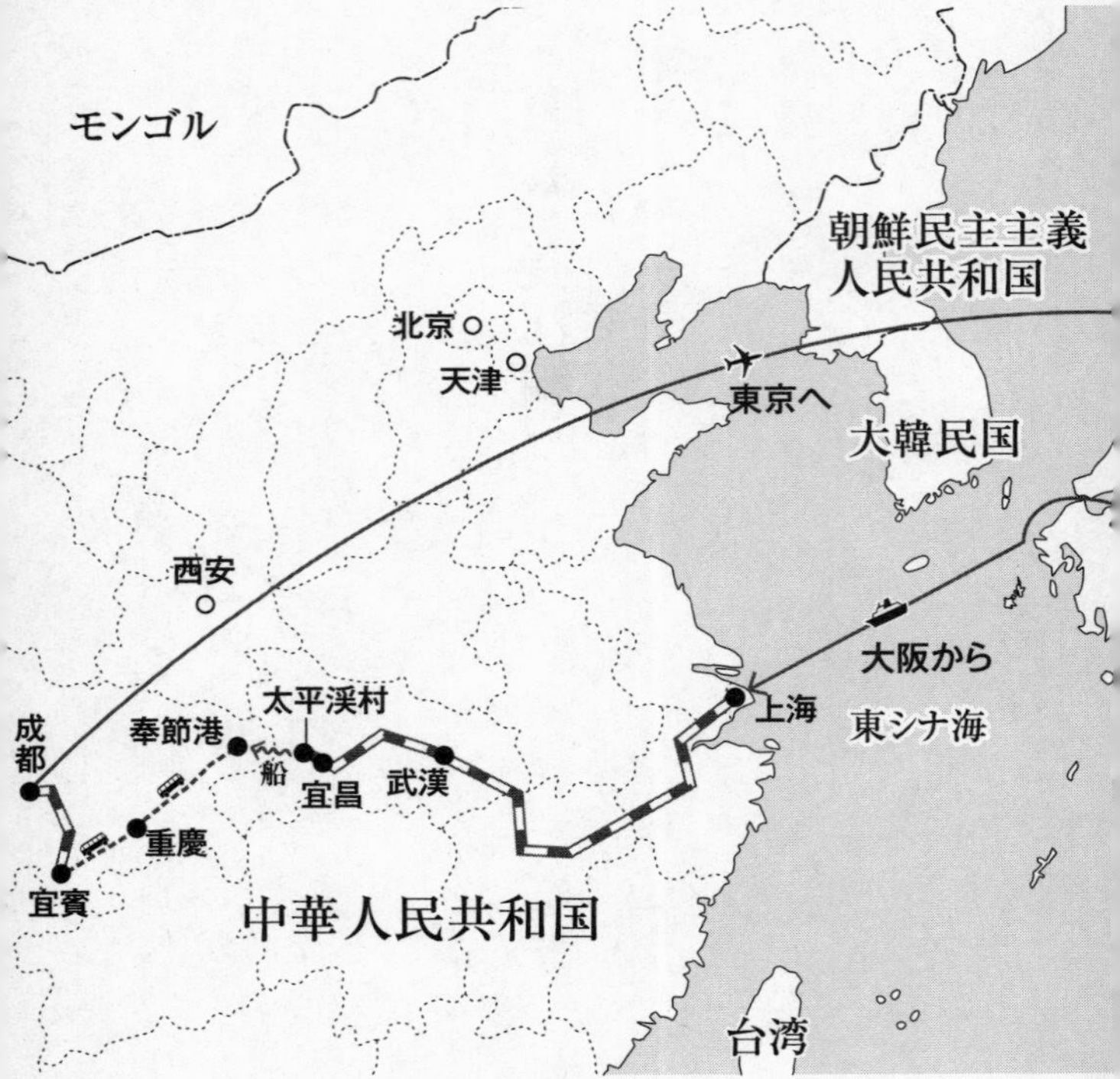
モンゴル
朝鮮民主主義
人民共和国
北京
天津
東京へ
大韓民国
西安
大阪から
太平渓村
上海
東シナ海
成都
奉節港
船
宜昌
武漢
重慶
宜賓
中華人民共和国
台湾

銀月亮《インユエリィアン》と名づけられた船は、淡い褐色の長江をとことこと進んでいた。わさわさとした昼食が終わり、部屋に戻っていると、ガイドが姿を見せた。この船には二百人を超える客が乗っていた。それをひとりの女性ガイドがこなす。アシスタントの女性がひとりいたが。客の世話だけではない。名所では、マイクを使い、延々と観光ガイドを続ける。添乗員とガイドの二役をこなしていた。彼女が英語を操った。ガイドの部分は中国語だが、日程や食事の場所など、事務的な内容を伝えてくれた。英語がうまいわけではないが、なんとかわかる。この三峡《サンシア》下りには、ときどき外国人も乗るのだろう。

彼女が説明をはじめた。

「この船は次の奉節《フォンジエ》で引き返すことになりました」

「はッ？」

「奉節のホテルを用意しました。そこに泊まって明日の朝、バスで重慶《チョンチン》に向かいます」

「重慶まで船で行きたいんですけど」

「無理です。別のお客さんが乗って、長江を戻ることになったんです」

「そういわれても……」

「今晩の食事は無料でつけます」

「いやそういうことじゃなくて……。僕らの目的は、船に乗ることなんですけど」

「荷物をまとめて一階のロビーに集まってください」

そういうと、さっと部屋から出ていってしまった。阿部稔哉カメラマンと顔を見合わせた。

「こういうことになっちゃうか」

この船切符を買ったときの説明では、重慶まで船に乗ることができるはずだった。この種の勝手な変更は、中国ではよくあることだった。以前、北京から東京への直行便に乗ったとき、大連《ダーリイエン》経由になると機内で伝えられたことがあった。乗客が少なかったために、直行便と大連経由便をひとつにまとめてしまったのだ。こういうことに中国人はあまり文句をいわない。いや、最近は抗議する人も増えてきたか。かつて飛行機や船、列車を運行する会社は国営だった。その後、民営化も少しずつ進んでいるが、人々の間には、交通機関で働いているのは公務員と刷り込まれている。つまりは国がやっていることとなれば、文句もいえない。旅行者の僕らも従うしかなかった。

ほかの乗客は、昼食時に中国語で伝えられたようだった。その場に僕らもいたが、ざわつく気配はなかった。文句をいう人もいなかった。皆、そんなことより飯といった勢いで、わしわしと箸を動かしていた。三峡と小三峡《シアオサンシア》を見ることができたことで満足しているようだった。ホテルを無料で手配してくれ、サービスで夕食もつけてくれる。文句はなにもない……といった様子だった。彼らは船旅になんのこだわりもなかった。

後でわかったことだが、奉節のホテルに泊まり、そこからバスで重慶まで行くという変更は珍しくないようだった。船によっては、最初からそのコースになっていることもあるという。

とにかく船は遅い。時速二十キロにも満たないようなペースで長江を遡っていく。銀月亮は夜通し航行し、翌日の午後、重慶に着く。しかしホテルに一泊しても、バスを使えば、ほぼ同じ時刻に重慶に着いてしまう。速さを優先するいまの中国では、船の存在感は年を追って薄くなってきているのだろう。

それはわかっていた。

三十年前に、『12万円で世界を歩く』の旅で、長江を遡った。チベットの山塊から流れでたいくつかの流れは、金沙江《ジンシャジャン》と岷江《ミンジャン》になり、宜賓《イービン》で合流する。そこからが長江で、上海の港まで約二千九百四十三キロになる。そこを船で延々と遡っていったわけだ。船にこだわった旅だった。日本からは大阪と神戸と上海を結ぶ鑑真《がんじん》に乗った。船に揺られた距離は、四千百四十一キロになった。十三日もかかった。

その旅をもう一度――。上海在住の日本人に調べてもらった。三十年前は、武漢《ウーハン》と重慶で船を乗り換えた。

「上海から武漢までの船はなくなっていました。上海には長江を遡る船の切符売り場もありませんから。武漢から先？　訊いた人が皆、話題を逸《そ》らすんです」

そう聞かされたとき、これは無理かもしれないと思った。『12万円で世界を歩く』の旅のなかには、東シナ海を船でめぐったものもあった。上海から香港、そこから台湾、沖縄というルートだった。しかし、そのほとんどの路線で船の運航は終わっていた。列車よりバス、バスより飛行機という時代のなかで、船は最も先ゆきが危ない乗り物だった。三十年前、すでに衰退の流れのなかにいた。飛行機に比べれば、もち込める荷物の量が多いという一点だけで生きのびていた。船が消えていく理由は遅さだった。のんびり船旅……などというが、それは、いつも飛行機に乗っている人が軽い憧れを口にしているだけであって、飛行機で三時間ほどの距離が三日かかります、などといわれると腰が引けるはずだった。

『12万円で世界を歩く』では、船旅も選んでいるが、それは単純に運賃が安かっただけのことで、実は船は嫌いだった。ゆったりと旅ができることはよかったが、船は揺れるのだ。酔うのだ。いまでこそ、長距離バスに飽きるほど乗っても大丈夫だが、子供の頃、よくバスに酔った。一時間ぐらい乗ると、必ずといっていいほど戻しそうになった。小学校の二年まで、父親の仕事の都合で、長野県の諏訪に住んでいた。しかし生まれは松本で、両親の実家も松本にあった。しばしば諏訪から松本までバスで向かった。列車を利用するより安くて早かったからだ。しかし途中には、塩嶺峠《えんれいとうげ》があった。急カーブの峠道で、いつも車酔いに苦しめられた。バスが松本に着いたとき、激しく吐いてしまった暗い記憶もある。パキスタンやネパールのバスで、つらそうにしている子供をときどき目にするが、そのたびに塩嶺峠のバスを思いだす。

大人になるにつれ、僕の三半規管や耳石《じせき》は揺れへの順応力を高めてきたのだろう。バスに酔うことはほとんどなくなった。しかし、僕の平衡感覚を保つ器官はやはり脆弱なのだと思う、船、とくに海上で揺れると、たちどころに体を横にするしかない状態になってしまう。

最近、豪華なクルージングが中高年の間で人気だというが、あれだけの費用を船という乗り物に払う心理がどうしてもわからない。足腰が弱くなっても、船ならなんとかなると思うのかもしれないが、いくら設備が整った船でも、揺れるのである。

幸い、長江を遡る船は揺れない。海ではなく川なのだ。しかし、『12万円で世界を歩く』旅をなぞるとなると、大阪か神戸から上海までの船にも乗ることになる。そこは川ではなく、海だから、しっかり揺れる。

本書のコースを選ぶ際、長江を遡る旅ははずそうと思っていた矢先、上海の知人から連絡が入った。

「宜昌《イーチャン》から重慶までは船がありました。なにしろ三峡下りですから。武漢から宜昌までも、貨物船しかないかもっていうんですが、ひょっとしたら……。それと曖昧な記憶なんですけど、重慶から宜賓までの船に乗る人を募っているのをSNSで見たような。定期船はなくても、船をチャーターすることはできるのかもしれません」

知人は手を尽くしてくれたようだった。やはり行くべきだろうか。三十年前に長江の褐色の水に染まるように旅をした。それ以来、長江は何回か眺めたものの、船に乗ることはなかった。

日本からは新鑒真に乗った。三十年前は鑒真だった。その後、新しく船がつくられ、新鑒真と命名された。大阪と神戸から交互に週一回、上海に向けて出航する。船は新しくなったが、懐かしい航路だった。『12万円で世界を歩く』では、十二コースの旅に出ていた。そのうち四回、日本を出発するときに鑒真に乗っていた。当時はLCCもなく、日本から脱出するとき、最も安い方法のひとつがこの船だったのだ。中国だけでなく、そこからヨーロッパをめざすバックパッカーの多くがこの船に乗っていた。長い旅を終え、日本に帰るときも鑒真という旅人も多かった。やはり安かったのだ。

『12万円で世界を歩く』の旅で、帰路もこの鑒真を使ったのは一回だけである。それが、長江を遡る旅だった。日本に帰る便には、一年、二年と世界を歩いた若者が何人かいた。全員が、いちばん安い二等和室である。汗臭い床にザコ寝スタイルで寝るクラスだった。彼らの関心事は、どうすれば朝食を二食分食べることができるかだった。

鑒真の朝食は料金に含まれていた。二百人以上の乗客が食堂に集まり、トレーの上に載せてくれる朝食をとる。当時はお粥の中国風朝食とトーストの洋風朝食があった記憶がある。朝食の準備ができたという船内放送を耳にしたとたん、脱兎のごとく食堂に走り、トレーに載せてもらった朝食を急いで食べ、再度、朝食の列についてもう一回、朝食をゲットするという作戦だった。

「最初に先頭に並ぶのはまずいよ。顔を覚えられる。十番目ぐらいがいいんじゃないか」

煮しめたような色のTシャツを着、虫に刺された跡をぼりぼりとかきながら、彼らは顔をつきあわせるように話していた。真剣になるのには理由があった。資金が底をつきかけ、有料の昼食や夕食を食べることができなかったのだ。二食分の朝食でなんとか一日をやりすごそうという構えだった。

上海に向かう便には、中国人の留学生も多かった。彼らがこの船を選ぶのは、運賃以上に、預ける荷物の料金が安いからだった。とくに留学を終えて帰国するときなどは荷物が多い。日本で買った電気製品もあった。当時は日本製の家電には存在感があった。多くの留学生が自転車も預けていた。飛行機でこういったものを運ぶのは大変だった。

二年間で四回も乗り、そのつど週刊誌に記事を書いているわけだから、船会社の職員にも覚えられてしまった。三回目に乗ったときは、職員から声をかけられた。

新鑒真は午前11時の出港だった。東京駅から始発の新幹線に乗れば間に合う

２等和室は片道２万円。そこに燃油サーチャージと税金が加わり２万3000円に

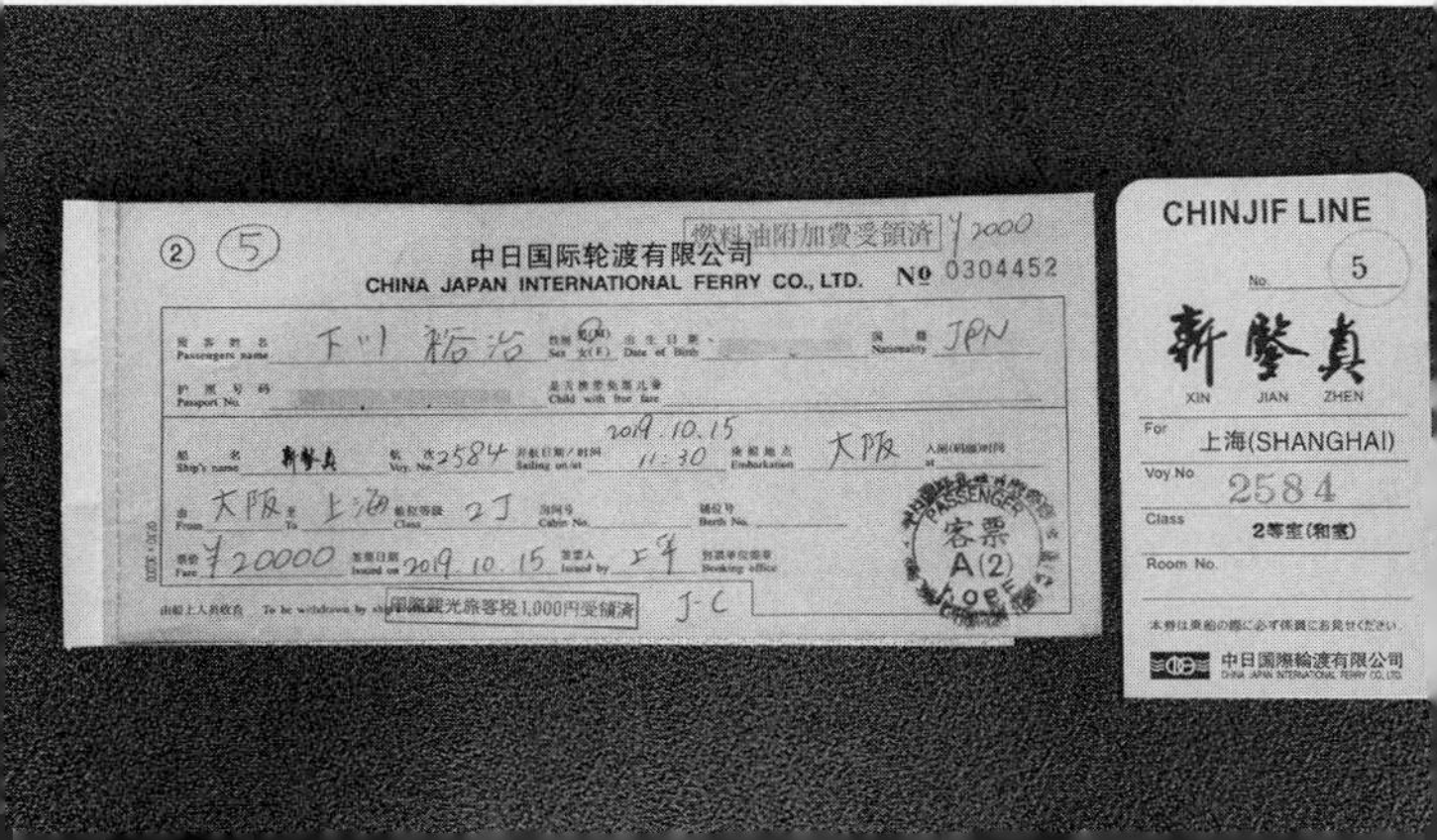

「あの貧乏旅行の下川さんでしょ」

「はぁ……」

同行したカメラマンは、このシリーズも知られてきたみたい……といってはくれたが、「貧乏旅行の下川さん」なのだ。旅は貧乏旅行そのものだから返す言葉もないのだが、さて旅に出るぞというときに、貧乏旅行といわれると、足がふと止まってしまうのだ。

その航路を進む船に三十年ぶりに乗る。いや、実は一九九七年に一回乗っている。『12万円で世界を歩く』のなかで、世界を一周しているのだが、その旅を再びという話がテレビ局から舞い込んだのだ。そのとき船は新鑑真になっていた。それ以来、この航路を走る船には乗っていない。航空運賃が安くなり、やがてLCCが登場するなかで、二泊三日の船旅から足が遠のいてしまっていた。

いまの時代だから、予約は当然、ネットということになる。新鑑真のサイトを立ちあげ、昔と同じ二等和室をクリックする。運賃は二万三千円だった。

「ん？」

急いで、『12万円で世界を歩く』のページを開いた。やはり……。三十年前と同じ運賃だった。日本はデフレスパイラルに陥ってしまったなどといわれるが、さすがに三十年前と同じ運賃ということはないだろう。ましてや新鑒真は中国の船である。三十年前、一般的な食堂で食べるそばは二元ほどだった。当時のレートで七十円ぐらいである。しかしいまは、安い店でも十元はする。日本円で約百六十三円。為替レートが変わっているので、日本円で比べてもあまり意味はないが、中国だけで考えれば、物価は五倍以上にあがっているのだ。いまの中国は、採算のとれないものはどんどん切り捨てていく。LCCが登場し、そう値あげできない事情はわかるが、三十年前とまったく同じというのは……。意図的なものを感じてしまう。それができるのも中国という国だった。彼らがいう中日友好というものだろうか。しかし週に一便、大阪か神戸から上海に向かう船が、どれだけ両国の友好に役立っているのかというと、首を傾げてしまうのだ。

「これで全員？」

大阪港のフェリーターミナルの待合室でつい口にしてしまった。そこはチェックインをすませ、荷物のチェックを受けた先、イミグレーションの手前にあるスペースだった。乗客は皆、この場所に集まってくる。ざっと数えて二十五人。これしかいないのだ。定員は三百四十五人という船である。十分の一にも満たなかった。船のスタッフのほうが人数が多い気がする。

後日、一年ほど前に新鑒真に乗ったという人に会った。彼が乗ったときは十人もいなかったという。僕らが乗った便は乗客が多いほうだったのかもしれない。しかし貨物輸送はあるものの、大赤字は間違いなかった。それでも淡々と今日も走っている。中国が中日友好という大義のために運航させる不思議な船なのかもしれなかった。

出港は十一時だった。音楽が流れるわけでもない静かな船出だった。汽笛の後で響くのはエンジン音だけだった。見送り客はひとりだけだった。その日の午後から、乗客たちの素性が少しずつわかってきた。日本人は、僕らを除くとひとりだけだった。中国を自転車で旅をする竹形賢二君という二十一歳の大学生だった。彼もいちばん安い二等和室組だった。割りあてられた部屋に入ると、十五畳もある大部屋に、三組の布団が敷かれていた。彼は中国だけでなく、東南アジアを自転車で走るようだった。大学は一年、休学するのだという。

「見送りに来てたのは友だち？」

「そう。同じ大学です。でも、彼も休学するかも」

かつて、鑒真に乗り込んできた若者たちの姿が浮かんできた。単純な明るさを装ってはいたが、その奥には、人生や社会への行き詰まり感が横たわっていた。世間

荷物検査を受け、乗船待合室へ。「少なッ」とつい口走る瞬間

待合室にはこんな絵も。絵にかいたような……とはこういうこと？

はバブル経済に浮かれていた。しかし若者たちは、とらえどころのない不安を抱えていた。そんな時代だった。上海に向かう船には、降りそうで降らない空梅雨のような空気が漂っていた。

昔もいまも、乗客の多数派は中国人だった。しかし今回、船内で会う中国人の多くが日本語を口にした。なかには日本人かと思うような流暢さで話しかけてくる人もいた。日本のドラッグストアに押しかけるような中国人はひとりもいなかった。日本の会社に勤めているという女性がいた。高齢の両親を日本に呼び、上海に戻るところだった。父親が飛行機が嫌いで船にしたという。大阪で会社を経営しているという男性ふたりは、仕入れのために上海に行くという。いつも船を使っているようだった。二泊三日もかかる船は、中国人観光客も敬遠するらしい。

船は瀬戸内の海をゆっくり進んでいた。三十年前は大阪港から南下し、高知沖を進み、鹿児島の川内《せんだい》港に寄って上海をめざした。いまのルートは、瀬戸内から関門海峡を通り済州《チェジュ》島の南側を通過して上海に向かうようだった。ありがたいルート変更だった。高知沖のルートに比べれば瀬戸内の海は穏やかだった。船が揺れないのだ。

しかし船は遅い。夕方の六時にやっと「しまなみ海道」と呼ばれることが多い西

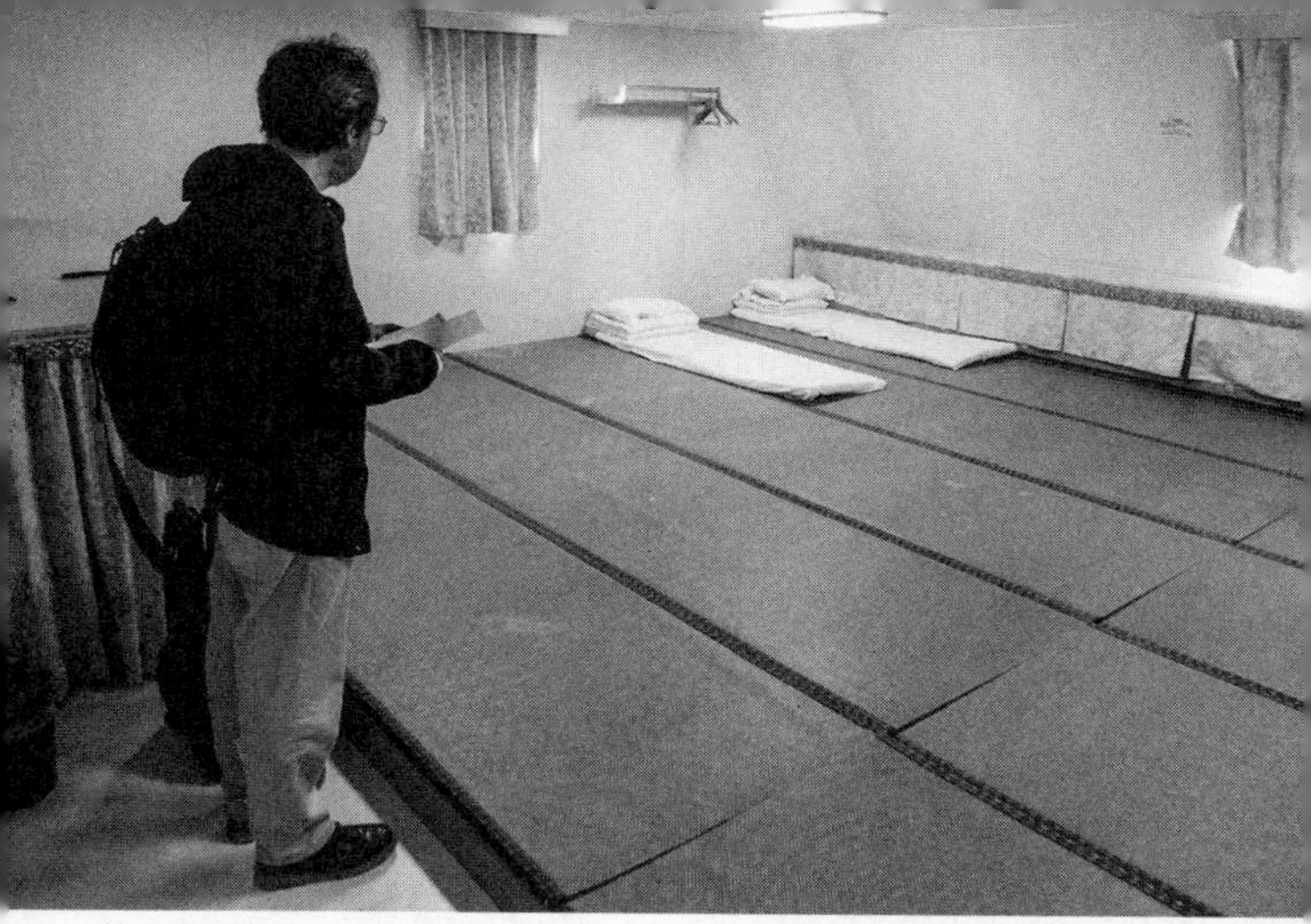

2等和室に案内され呆然とする一瞬。布団が3組。日本人はこの3人だけだった

瀬戸自動車道の下を通った。大阪から新幹線に乗れば、もうとっくに博多に着いている。船内をひとまわりして、食堂や売店、シャワー室などの場所を確認するともうすることはない。そういえば昔の鑑真には大浴場があったな……などと考えているうちにザコ寝部屋で寝入ってしまった。朝六時台に東京駅を出る新幹線に乗ったから寝不足気味だった。

瀬戸内の小島に灯《とも》る家の光を眺めながら食堂のテーブルに着いた。メニューの料金を見て胸をなでおろす。枝豆二百円、キムチ二百円、肉野菜炒め五百円……。良心的な値段だった。いや、安いぐらいだ。入口脇にはビールの自販機があり、発泡酒ではないキリンの一番搾りのロング缶が二百円だった。日本の携帯電波が飛び、メールも自由にできるのだが、船内は免税価格である。

「こりゃ、安い居酒屋だな」

阿部カメラマンと乾杯をする。いったいなんのための乾杯かわからないが、一応、旅の安全？　船内ではすることもない。ビールが安いからつい飲みすぎてしまう。いい気分でザコ寝部屋に戻ると、ことっと寝入ってしまった。安い部屋は下層階だから、エンジン音がよく聞こえる。それが子守唄だった。船が関門海峡を通過したことも知らなかった。

船は揺れなかった。翌朝、済州島の南側を通って東シナ海に出る。以前は川内港から西に向かって東シナ海に出た。このあたりから船は揺れはじめる。これまで五回も乗っているから、さまざまな揺れを体験している。歩くことができないこともあった。それほどひどくなくても、僕は船酔いするから、翌朝、長江の河口に入るまでは、食べることができないことが多かった。そんな経験からすれば、今回の東シナ海はべた凪《なぎ》に近かった。四日前、台風十九号が日本に上陸していた。上海を出た新鑒真も影響を受け、到着が一日遅れたという。その船が上海に折り返しているのだが、台風が風や雨をすべてもち去ってしまったかのような静けさだった。甲板

新鑒真は穏やかな瀬戸内を進んでいく。西の空に祈る。揺れませんように

引退したシニア上海人たち。ふたりで京都と大阪をまわったとか

のベンチに座って眺める海は大きな波ひとつない。秋の穏やかな日を受けて眩《まぶ》しいほどだった。

乗船して三日目の朝は、なぜか早く目が覚める。船の揺れが急におさまり、エンジン音が変わる。長江の河口に入ったことがわかる。そのとき、ふっと身を起こしてしまうのだ。電車のなかで寝入ってしまい、目が覚めると駅に停車していることがよくある。脳というものは、一定の揺れが止まると、目を覚ますサインを出すのだろうか。午前四時だった。

はじめてこの航路を旅したときも早朝に目が覚めた。急いで甲板にあがった。

「上海か……」

感慨に耽《ふけ》ろうとするのだが、上海の街が見えるわけでもなく、河口は茫漠とした広さで岸すら見えず、肩透かしを食らったような気分になる。それから一時間、二時間と甲板に立ち続けるのだが、一向に風景は変わらない。こうして長江の規模を教えられることになる。

この航路も六回目になると、さすがに午前四時に甲板には向かわない。まだ、まだ……と自分にいい聞かせて二度寝に入ったが、六時にはまた起きてしまった。甲板にあがってみた。まだ長江を進んでいた。上海の街は、長江の支流である黄《ファン》

これでひとり1000円ぐらいですむ新鑒真食堂。ビールの安さが効いてます

船内には洗濯機もある。これはたぶん船のスタッフの洗濯物

浦《プー》江の周囲に広がっている。港も黄浦江沿いにある。その支流にも入っていなかった。

しかし遠くに上海の人たちが摩天楼と呼ぶビル群が見えた。三十年前、上海に高層ビル群はなにもなかった。ビルの多くは、戦前に建てられたものだった。人々の暮らしは、まだ貧しい中国を引きずっていた。食糧切符である糧票《リャンピョウ》はさすがになかったが、人々はようやく自分たちの食堂を開くことができるようになった頃だった。鑒真が到着する港の近くには、そんな小さな店がひしめいていた。

長江を遡る旅に出た翌年、中国で天安門事件が起きている。そのときも上海にいた。道を学生や労働者のデモが埋めていた。

それから三十年。中国は別の国になったのではないかと思えるほどの経済成長を遂げた。いまやトップレベルの経済大国になった。人々の暮らしぶりも激変した。日本はバブル経済が崩壊し、停滞期に入っていく。それでも三十年という年月のなかで変わっていったが、中国のそれは、とんでもない変化だった。上海は訪ねるたびに新しいビルが建ちあがっていく。それは成長というより爆発のようにすら映った。

新鑒真は黄浦江に入った。川に沿ってマンションが建ち並んでいる。三十年前は、

これまで乗ったなかで、いちばん穏やかかも……甲板でそんなことを考える

雑木林が広がっているだけだったような記憶がある。その間に古びたレンガづくりの建物が点在していた。いまはそこに、何台ものクレーンが据えつけられている。午前十時に新鑒真は予定通り、上海の港に着いた。

すっかり建て直されたターミナルビルを、道に沿って外白渡橋《ワイバイドゥ》に向かっていく。三十年前もこの道を歩いた。日本語を勉強しているという若者によく声をかけられた。僕らを練習台にする人が多かった。

「日本人の方ですか?」

そのとき、「ええ」などといってしまうと、彼らが黙ってしまう。しばらくすると、呟くような若者の声が耳に届く。「はい。そうです」「お名前はなんですか」……。彼は学校で習っただろう例文を復唱していた。定型通りにいかないと困ってしまうのだ。それ以来、僕は、港の近くで声をかけられると、「はい。そうです」とはっきり伝える癖がついてしまった。

外白渡橋へ向かう道も広くなり、路上を高級そうな電気自動車が走るようになった。上海はどんどん変わっていく。外白渡橋をめざしたのは、その向かいに、かつて浦江飯店《プージャン》という日本人バックパッカーたちの溜まり場宿があったからだ。このホテルは一九〇〇年前後には東洋一とまでいわれるほどだった。中国初の西洋式ホテルでもある。戦時中は日本軍が占領し、将校たちが泊まったという。その後、ホテルは流転を続け、『12万円で世界を歩く』で訪ねた頃は、完全な日本人バックパッカー宿になっていた。個室もあったと思うが、日本人が泊まるのは、大部屋にベッドを並べたドミトリーだった。一泊朝食込みで二十元、当時のレートで約七百四十八円だった。鑑真に乗って上海に渡り、港から十分ほど歩いて浦江飯店のドミトリーというコースは、中国を歩くバックパッカーの定番ルートだった。僕もその道をなぞっていた。『12万円で世界を歩く』で、僕は四回、鑑真に乗っているが、そのたびに浦江飯店のドミトリーに泊まっていた。

新鑒真は黄浦江に入った。高層ビルが間近に迫ってくる

ホテルは二〇一八年に一度閉鎖され、その後、アスターハウスホテルという高級ホテルになったと聞いていた。

外観はそのままだった。どこがホテルの入口なのかわからなかった。しかし古いネオルネッサンス様式のホテルは、いまの上海っ子の感性をくすぐるのか、結婚式の前撮り組やファッション誌の撮影が行われていた。その光景をぼんやり眺めながら、三十年という月日を考えてしまうのだ。

当時は中国人より日本人のほうが圧倒的に豊かだった。中国人にしたら日本の若者が、外観はともかく、内部はかなり老朽化した浦江飯店に集まってくることが理解できなかったようだった。何回となく、

「どうして、あんなに古いホテルに泊まるんですか」

と訊かれた。

「安いドミトリーがあるから……」

と答えるしかなかったが、そこでまた中国人は悩んでしまった。

「日本人はたくさんお金をもってるじゃないですか」

しかし当時、バックパッカー旅に走る若者は、日本の好景気に薄気味悪さを感じとってしまっていた。それがいまの上海に似ている。ときどき、海外の街で、中国

上海の港のある一帯は戦前の日本人町でもある。建物にその痕跡も

浦江飯店。懐かしくてここを訪ねるかつてのバックパッカーも多いらしい

人のバックパッカーに会う。彼らはやっと、当時の日本の若者の発想を理解してくれるようになった。

バブルの渦から脱出した日本人の若者が集まる宿が、浦江飯店というのも歴史の皮肉だった。かつてこのホテルは、シンガポールのラッフルズホテルと並び、アジアを代表するホテルだった。中国ではじめて電気と水道が通った建物だったという。そこに金のない日本人のバックパッカーが集まっていたのだ。そしていま、その建物を上海の若者は「酷《クー》」だという。英語のクールの当て字である。時代は黄江飯店の周りをぐるぐるまわっていた。


地下鉄駅に向かった。上海から武漢まで列車で向かうことにしていた。発車する上海南駅まで地下鉄が便利だった。

上海に住む知人に調べてもらうと、上海から武漢まで長江を遡る船はなくなっていた。三十年前は、武漢だけでなく、南京《ナンジン》や南通《ナントン》行きなどもあり、長江を運航する船には存在感があった。しかし陸上交通に凌駕《りょうが》されてしまった。長江を往来する船用の港もなくなっていた。しかし武漢から先は、はっきりしたことがわからなかった。

列車の切符はネットで買っていた。これまで中国国内でネットを使い、列車の切符を買ったことはある。しかし日本で切符を買い、中国の鉄道駅で受けとるのははじめてだった。トリップ・ドット・コムというサイトを通して買うことができた。

このサイトは上海を拠点にしていた。世界の航空券やホテルも扱うが、中国国内の列車やホテル予約ではその強みを発揮していた。中国では外国人が泊まることができないホテルが少なくない。外国人など相手にしなくても、中国人だけで部屋が埋まるため、外国人を受け入れる許可申請を公安に出さないところも多いという。新疆《しんきょう》ウイグル自治区では、外国人の宿泊が可能だったホテルが、公安の指導で、宿泊できなくなることもある。治安上の問題だという。そのへんの情況がいちばん早く反映されるサイトでもあった。すべてのサイトを検索したわけではないが、中国の列車の切符を買うことができるのは、トリップ・ドット・コムだけではないかと思う。

上海から武漢までの切符は、手数料込みで三千九百三十円だった。正確にいうと武昌《ウーチャン》駅までの切符だった。武漢には、武昌、漢口《ハンコウ》という駅と中国の新幹線専用の武漢駅があった。硬臥《インウオ》、日本風にいうと二等寝台の切符の引き換え証がメールで送られてくる。それをプリントしたものを持参していた。

これまで列車の切符を買う窓口では、苦労を重ねてきた。切符売り場には、いつも長い列ができていた。そこにつき、やっと先頭に辿り着いても、スムーズに切符が買えるわけではなかった。僕は中国語を話すことができないから、メモを渡す。今回の切符なら、日付に続けて、「至武昌　硬臥　二張」と書く。窓口の職員が打ち込み、それが目の前のモニターに映しだされる。職員の態度は居丈高で、どの列車にするのかと迫ってくる。列車がすいていればまだいいが、混んでいると、メモに再び日付を書いて差しだす。そんなことを続けていると、必ず背後からきつい言葉が飛んでくる。「早くしろ！」といっているぐらいは、中国語がわからなくても察することができる。前と後ろからのプレッシャーに打ち勝たないと切符を手にすることができなかった。

それが、手数料をとられてもネット予約に走った理由だった。地下鉄を降り、ドーム型という、とても鉄道駅には思えない建物に入る。切符売り場に向かうと、長い列があった。自動発券機もあったが、見ていると中国人はＩＤカードを読み込ませている。パスポートしかない外国人は難しそうだった。いくら予約をとっていても、列につくしかなかった。先頭では、まるで怒っているかのような職員の声がスピーカーを通して響いている。あの声を耳にしただけで胃が痛くなる。

上海南駅の切符売り場。列の最後尾はずっと後ろです。この先頭まで約30分

上海南駅の待合室。ここに入る手前のチェックがやたら厳しい

列は少しずつ進み、順番がまわってきた。以前に比べ、横入りする人がいない。それだけでも楽だった。窓口で予約のプリントをパスポートと一緒にそっと渡した。中年男性の職員は、不機嫌そうな面もちで、キーボードに打ち込む。すると発券機から切符がすっと出てきた。

「やった」

切符を受けとりながら、これからはこの方法だな……と呟いていた。切符を買うストレスが十分の一ぐらいになる。

しかし中国は次々にストレスを生みだす社会のようだった。列車の待合室に辿り着くまでのセキュリティチェックが、いままで以上に強められていたのだ。一つ目のチェックは、皆、すんなり通っていたが、二つ目が厳しかった。ライターの没収は当然で、女性たちの化粧品が次々にひっかかっていた。飛行機より厳しい雰囲気だった。小さな壜《びん》でも、その液体成分が問題のようで、商品名をスキャンし、ネットでその成分を確認するという念の入れようだった。列車の乗客にここまでやるのか……とつい溜め息が出てしまう。女性客のなかには、化粧品を脇にあるごみ箱に捨てている人もいる。最近の中国人女性が使う化粧品は決して安くない。しかしセキュリティチェックの長い列につき、職員の指示に素直に従っている。中国はそれほど治安の悪い国だろうか、と毒づきたくもなる。夥しい数の監視カメラ。その性能の高さを、中国は諸外国にアピールしている。少し前、新疆ウイグル自治区を旅していた。一日、十回以上も受ける検問やセキュリティチェックに辟易した。新疆ウイグル自治区では反政府グループのテロが起きているからわからないでもない。しかし上海の鉄道駅のチェックの厳しさはなんだろうか。中国という国は、いったいどこに向かうつもりなのだろうか。

武昌行きの列車に乗り込んだ。勝手がわかる硬臥車両である。駅の売店で、それが儀式であるかのように、ビールと白酒《バイジゥ》の小壜、ソーセージとカップ麺を買った。車内で販売される弁当は、ときに五百円近くもする。

今回も予算は十二万円だった。ここまでの出費は多くないが、この先、いったいどういうことになるのかもわからなかった。船をチャーターしなくてはいけない可能性もあった。日本に帰る手段も決まっていなかった。出費はできるだけ抑えたかった。

中国の列車は、硬臥と硬座、軟臥と軟座に分かれている。日本風にいうと二等寝台、二等座席、一等寝台、一等座席の順になる。いまの中国では、そこに中国の新幹線が加わってくる。上海から武漢までは新幹線もあった。それに乗ると夜には武漢に着いてしまう。すると、武漢でのホテル代が必要になる。それを計算し、武漢にある武昌に朝に着く列車の二等寝台を選んだ。こうすれば、ホテル一泊分が浮く。

硬臥車両のいいところは、ベッド側から見ると、通路を挟んだ反対側に席があることだった。普段は壁に収納されている小さな椅子だが、ここに座ると、車窓をぼんやり見ることができた。ビールを飲み、ソーセージをつまみに、白酒をちびりと飲む。杭州経由の列車だった。列車は長江の南側をとことこ進んでいった。

武昌に着いたのは朝の八時半だった。一時間ほど遅れての到着だった。そこから地下鉄を乗り継ぎ、武漢港に向かった。

穏やかな秋の日射しが長江に沿った道路に降り注いでいた。右手に科学技術館があり、左手には立派な石づくりの建物が連なっていた。そのひとつに、「汉口横滨正金银行大楼」という日本の銀行名が書かれたパネルがはめられていた。三菱UFJ銀行の前身である。入口にはライオンの石像もあった。このあたりが、戦前は武漢の中心だったのだろうか。右手に武漢港のターミナルが見えてきた。

三十年前、ここで切符を買ったのだろうか。上海から船で武漢に着き、この港から重慶に向かう船に乗った。船賃は七〇・二元、当時のレートで二千六百二十五円

硬臥の夜。僕はこのベッドですごくよく眠れます。そういう体質になってしまいました

だった。しかしターミナルのなかは閑散としていた。カウンターがいくつかあり、スタッフがいるところもある。

「至重慶船票」

とメモに書いて渡すと、「没有《メイヨウ》（ありません）」という言葉が即座に返ってきた。とりつく島がない。別のカウンターに行ってみた。若い女性がふたり座っていた。かたことの英語で説明してくれた。

ここで売られるのは、長江の観光船の切符だけだった。夕方になると団体客がやってくるという。そもそも、いまの武漢港には、周辺をめぐる観光船しかないという。あとは貨物船だけだった。重慶までの船があったことを、若い女性スタッフは知らなかった。

「ただ宜昌からは船があります。確実に」

「宜昌までは？」

「列車かバスしかありません」

……また列車か。武漢港のターミナルに近い長江の土手に座っていた。地図を見ると、宜昌は三峡ダムの下流にある街である。ここから三峡下りの船が出るということだった。僕らは三峡のぼりになるが、そんなことはどうでもよかった。しかし

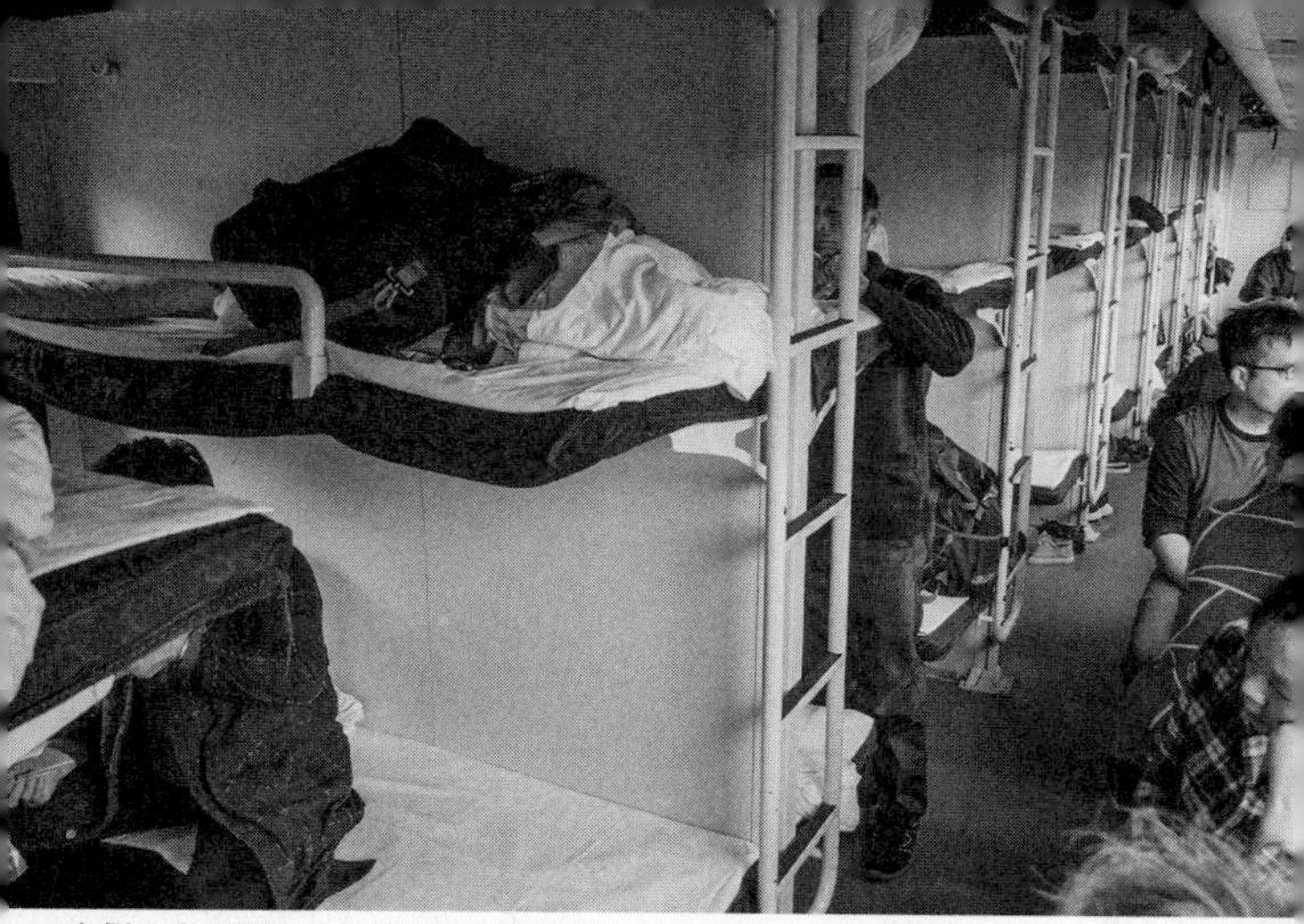

右側の席が硬臥の特等席。僕は勝手にそう決めています

列車に乗る前に買った車内食。定番化している。体によくないものばかりだが

これも観光船である。もっとも同じ港に戻ってくる武漢の観光船と違い、宜昌から重慶まで遡っていく。この船に頼るしかなかった。目の前には、長江がゆっくり流れている。行き交う船はまったくない。下流の橋の脇に数隻の貨物船が見えるが、動く気配もない。

ネットで調べると宜昌までは、中国の新幹線が速かった。運賃は二等席で千八百円ほどだった。これまでも何回か中国の新幹線に乗っているが、かなり高い記憶があった。二時間半ほどの近さとはいえ、思った以上に安かった。それに本数が多い。乗ろうとしていた午後三時台には三本もあった。新幹線専用の武漢駅に向かった。しかし安いと感じるのは中国人も同じようで、窓口脇に掲示された空席情況を見ると、二等は軒並み満席だった。しかたなく一等の切符を買った。ひとり百九十四元、約三千百六十二円。千四百円ほど高くなってしまったのだが。

最近の中国の列車を見ると、この新幹線が急速に路線を増やしている。とくに時速二百キロ前後の速度で走る動車組といわれる列車が増えている。

中国の新幹線の総称は中国鉄路高速で、CRH（China Railway High-speed）と表記されることも多い。この中国鉄路高速は、その路線やスピードで二種類に分かれる。ひとつは高鉄と呼ばれるもので、切符の列車番号の前にGがつけられる。中

武漢駅の新幹線時刻表。この頻度で運行している。日本の新幹線より過密？

新幹線の待合室。服装や顔を見ていると、庶民の乗り物になったと実感する

国に住む日本人のなかには、G列車と呼ぶ人もいる。時速三百キロほどの速度で、北京と上海、上海と広州など中国の主要都市を結んでいる。これが日本の新幹線のイメージに近いだろうか。

しかし最近の中国では、時速二百キロほどで、中規模の都市を結ぶ動車組という列車が増えている。切符の列車番号の頭にはDとかCがつけられる。日本でいったら特急の感覚だろうか。しかし車両は高鉄と同じだから、新幹線に乗ったような気分になる。

動車組は高鉄に比べると運賃がかなり安い。これまでの列車よりやや高いぐらいだ。三時間乗っても日本円で千円台ですむ。一般的な中国人でも気軽に乗ることができる列車が、僕らが名前も知らないような地方都市を結びはじめている。

これまで中国の列車には、百回以上乗ってきた。中央の通路を挟んで左右に六人がけと四人がけの狭いボックス席が並ぶ硬座に一日、二日と揺られたことも何回かある。硬臥という二等寝台の切符が手に入った、入らない……と一喜一憂してきた。そんな時代はもう終わっていくのかもしれない。辺境の小さな街まで、新幹線型の車両が走っていく。中国という国にはそんな勢いがある。

行き先は宜昌東駅だった。乗り込むと、通路を挟んだ反対側に、ふたりのおばあさんが双子らしい赤ちゃんをそれぞれ抱いて座っていた。

(どういう関係だろうか)

ときどきむずかる赤ちゃんをあやすおばあさんを見ながら思いをめぐらす。おばあさん同士が姉妹で、どちらかの双子の孫を連れている？　すると三十代に見える女性が連結器のほうからやってきた。ふたりのおばあさんと短い会話を交わすと、また連結器のほうに戻っていった。次にやってきたのは、三十代の男性だった。双子のひとりを抱きあげ、通路に降ろして歩行練習をはじめた。

父親？

そういうことなのかもしれなかった。ひとりっ子同士の結婚なのだ。赤ちゃんの世話をしているのは、三十代の夫婦のそれぞれの母親に違いなかった。夫婦が交替で連結器のほうからやってくるのは、そこに電源があるからだった。連結器のところに戻ったふたりはそこで一心にスマホをいじっていた。中国のひとりっ子政策がつくった家族構成だった。夫婦とふたりのおばあちゃん、そして双子の子たちは、そろって荊州《ジンヂョウ》で降りていった。車内にはそのときの速度が示される。時速百九十四キロ。動車組は高速で長江の北側を走っていく。あと四十分ほどで宜昌東駅に着く。

駅舎を出ると、右手にインフォメーションと英語の看板を掲げたオフィスがあった。外国人向けの案内所のようにも見えた。そこは単なる旅行会社であることは間もなくわかるのだが、宜昌ははじめての街だった。中国を旅していると、英語の看板にはついすり寄ってしまう。

入ると欧米人の老人がひとりいた。ガイドのような女性を同伴している。カウンターに出向くと、パスポートといわれた。別のデスクにいたスタッフが、僕らのパスポート情報を打ち込む。「なにも予約が入っていません」といわれた。一瞬、なにをいっているのかわからなかったが、やがて雰囲気から、ネットで予約した客がここでチケットを受けとるシステムらしいことがわかってきた。訊くと宜昌を出航する三峡下りのチケットを扱っているという。僕らはここで船の切符を買うつもりだったから好都合……と身を乗りだした。カウンターのスタッフは、電卓を叩いてこちらに見せてくれた。

「3100」

三千百元ということらしい。約五万五百三十円。二泊三日で重慶まで行くという。今晩、船が出るらしい。しかし、それにしても高すぎる。以前は武漢から重慶まで二千六百円ほどで船に乗っている。三十年の年月が経ったとはいえ、二十倍にもな

宜昌で「蘭州拉面」。10元、約163円。ラーメンと思って注文しないこと

るはずがない。スタッフはパンフレットを見せてくれた。豪華客船だった。三峡下りはそういう世界に入ってしまったのだろうか。ツアー船ではなく、重慶まで行く船はないのか、と訊くと、そういう船はもうなく、ツアー船しかないという説明が返ってきた。

スタッフは僕らの風体から察したのか、明日なら……と電卓の、「870」という数字を見せてくれた。日本円で約一万四千百八十一円。

「もっと安いツアーは？」

と訊くと、これが最低ランク、といってファイルの写真を見せてくれた。重慶まで二泊三日。四人部屋だという。

少し悩んだ。この先いくらかかるの

かわからないから、出費は抑えたかった。街の旅行会社に行けば、少しは安くなるかもしれないが、大差はない気がした。ここで船切符を買うことにした。出航は翌日の夕方だった。

三峡游客中心――。そこが指定された場所だった。長江に面したビルだった。そこで夕方の六時にガイドと待ち合わせることになっていた。五時をすぎると乗客が次々にホールに集まってきた。瞬《また》く間にホールが人で埋まっていく。あちこちからマイクを通したガイドの声が聞こえてくる。僕らが乗る船以外にも何隻かの船があるらしい。三、四十人の団体に向かって説明していた女性ガイドがいた。ひと通りの案内が終わったのか、その一団をアシスタントに任せ、僕らのほうに近づいてきた。そこでわかったのだが、指定された場所には僕らを含めて八人が集まっていた。僕ら以外は中国人。おそらくこの八人が、個人予約組だろう。ガイドはまず中国語で六人に説明し、やがて僕らに英語で案内してくれた。彼女は大人数の団体客、個人予約の中国人、そして外国人をひとりのアシスタントだけでこなすガイドだった。大人数の団体客を相手にしてきたためなのか、すでにテンションが高い。

「ここからバスに七十分ほど乗って船に乗りま～す」

ここから乗船するわけではなかったのだ。宜昌の上流に三峡ダムがある。そこを

三峡下りを終え、宜昌でバスを降りたツアー客。わらわら駐車場から現れた

船で遡るのではなく、上流のダム湖畔から乗船するようだった。三峡は三峡ダムの上流にあるから、観光客にとっては問題がないのかもしれないが、僕らはまたしても肩の力が抜けてしまった。上海から武漢までの船はなくなり、武漢から重慶まで遡る船もなくなっていた。しかたなく、列車で宜昌まで来たのだが、ここからもバスなのだ。長江を走る船に乗る距離が次々に短くなっていく。しかし、それをとやかくいえる雰囲気ではなかった。団体客は数十人単位でガイドに先導され、どこかへ向かっていくのだが、ロビーはまだ人でごった返している。

僕ら八人も旗をもつガイドの後をつ

いてビルを出た。

「なんだ、これは」

ビルの隣が駐車場になっていた。そこに百台以上のバスが並んでいた。このバスがすべて、三峡ダムの上流にある船着き場に向かうのだという。三峡を遡る船に乗る客は、今日だけで三、四千人はいるのではないか。当然、長江をくだってくる客もいる。それが毎日のように繰り返されているのだ。宜昌という街にとって、三峡下りは一大産業である。それにしても人が多い。改めて中国という国の人口の多さを教えられる。三十年前も、三峡下りには多くの観光客が集まっていた。僕らは定期船に乗ったが、観光客を満載したツアー船と何回もすれ違った。三十年前の印象からいえば、三峡の眺めはそれほどではないと思う。山がちな信州に生まれ育ったから、三峡に似た渓谷は日本にもあると思う。たしかにその長さとスケールには負けるが、僕のなかでは絶景でもなんでもない。中国の沿岸部に暮らし、近くに山のない環境の人にとっては、高度感はあるかもしれないが、わざわざやってくる心境がよくわからないのだ。しかし三十年前から延々と、中国を代表する観光地の地位を守っている。そして今日も、数千人の中国人が長江の渓谷見物にやってくる。

僕は万里の長城を訪ねたことがないので、いいかげんなことをいえないが、ネッ

このバスがすべて三峡下り用だという。壮観というか、多すぎるというか

トで調べると、万里の長城のなかでも人気の八達嶺《バーダーリン》長城は、ピーク時には一日の入場者数が八万人に達する日があるという。二〇一八年の観光客は九百九十万人にのぼったようだ。そう考えれば、三峡下りは可愛いものなのかもしれないが、なんだか数の話をしていくと気が遠くなってしまう。これが中国ということなのだろうか。

バスは列をつくって、暗くなった道を進んでいった。おそらく長江に沿った道なのだろうが、流れが見えるわけではない。僕らが乗ったバスは八人とガイドだけだったが、途中から、どやどやと団体客が乗り込み、一時間半ほどかかってダム湖畔に着いた。そこには立派な船用ターミナルがつくられていて、セキュリティチェックを受け、改札を通り、石段をくだった。

乗り込んだのは銀月亮という船だった。四層に分かれ、僕らの四人部屋は下から二層目だった。団体客のメンバーの老夫婦と相部屋だった。

古い船だった。床は軋《きし》み、大波に襲われればすぐにバラバラになってしまいそうだったが、波がほとんどない長江をのぼりくだりするだけである。老朽船でも問題はないようだった。

最上階の甲板に出てみた。湖畔の街灯が点々と続いている。船着き場を離れようとしている船が何隻もある。脇を船が通ってもまったく揺れない。数人の男たちが白酒とつまみを手に現れ、宴会がはじまった。夜十一時、銀月亮は出港した。ようやく長江を遡る船に乗ることができた。

朝六時に船内放送が響いた。ガイドからは朝の六時半には甲板にあがるようにいわれていた。行ってみると、立つ場所をみつけるのが難しいほど乗客が集まっていた。ガイドの説明もはじまっていた。三峡だった。案内は中国語だからまったくわからないが、乗客に倣って右や左に視線を移す。切りたった崖が続いていた。途中に廟《びょう》が建てられている崖もある。ガイドはその由来や崖の高さなどを案内している

ダム湖に乗り込む船が停泊していた。夜に見るとけっこう立派だが……

この部屋で寝た。ベッドは狭いがしっかり寝てしまった。揺れませんから

のだろう。マイクからの声は途切れることがない。よくこれだけ喋《しゃべ》る内容があるものだと、気圧された気分で川面を眺める。長江の幅は狭まり、灰褐色の水がゆっくりと動いている。前方に別の船があった。おそらくその船内でも、ガイドが喋り続けているのだろう。

七時過ぎ、乗客がぞろぞろと移動をはじめた。後をついていくと、三層目にある食堂に入っていく。お粥、包子《バオズー》、漬け物、茹で卵の朝食が並んでいる。それらをよそって食べるだけなのだが、どうしてこれほど騒がしくなるのかと思うほどのエネルギーが充満している。席がないのか、ひとりのおばさんは器を手にしながら立ったままお粥をずるずると流し込んでいる。近くに座る知りあいと、口から米粒を飛ばしながら大声での話が弾んでいる。僕ら個人予約組は八人でひとつの丸テーブルが与えられた。互いに知りあいではないから、このテーブルだけが静かだった。

戦争のような朝食が終わると、皆、いったん船室に戻り、身じたくをして一層目にあるロビーに集まりはじめた。船は巫山《ウーシャン》という街に着いた。長江に沿った斜面にへばりつくような街だが、十数階建てのビルが林立している。三峡ダムで家が水没した人々のために政府がつくった住宅だという。ここから小さな船に乗り換え、小三峡という景勝地をめぐるようだった。前夜、ガイドから説明を受けていた。ひと

三峡。こんな眺めが１時間以上続く

り百元、約千六百三十円だという。三峡の風景にそれほど興味がなかった。出費も抑えたかったので、銀月亮に残ることにした。

船内は一気に静かになった。ほとんどの乗客が参加したようだった。阿部カメラマンは、巫山の街の写真を撮ってくると陸にあがっていった。四人部屋は二段ベッドがふたつ置かれている。僕は下段だった。そこに体を横にしていると、いつの間にか寝入ってしまった。

十二時になっても阿部カメラマンが戻ってこなかった。なにかあったのだろうか……。気を揉《も》んでいると、小三峡に向かった乗客と一緒に阿部カメラマンも戻ってきた。彼の説明によると、巫山に上陸しようとすると、皆から小型船に乗れと誘われたのだという。訊くと、途中までは無料で、さらに先に行く場合のみ百元の追加料金がかかるということだった。

「小三峡がこのツアーのメインのような気がしましたけど」

僕はこのツアーの山場をはずしてしまったことになる。さして後悔はしなかったが。船は上流に向けてゆっくりと動きはじめた。狙いは船旅だから、船が動いてくれると安堵する。甲板からのんびり川面を眺めようと階段をのぼるとガイドから呼ばれた。昼食だという。揚げた魚、肉野菜炒め、トマトと卵の炒め物、ニンニクの

実際は、写真以上に迫力がある食事時間。ここに大声が加わりますから

芽炒め、コーン、ザーサイ……なかなかの品数がテーブルを埋める。これもツアー料金に含まれている。乗客たちはわしわしと箸を動かす。これは中国のツアーだった。のんびりという要素がどこにもない。早朝に起こされて三峡を眺め、わいわいと朝食をとって、小型船で小三峡観光に。戻ると間髪をいれずに昼食が待っている。こういうテンションでなければ満足しないのだ。昼食中も、ガイドはマイクで喋り続けていた。そのとき、次の奉節で船は引き返す説明をしていたのだが、僕らにはわからなかった。

そこでこの章の冒頭のシーンになる。昼食を終えた僕らにも、奉節で折り返すことが伝えられるのだ。三峡ダムから奉節までは二百五十キロほどしかない。三十年前、僕は上海から宜賓まで約二千九百四十三キロを船で遡った。しかしまだ、その十分の一にも達していない。

奉節の船着き場には、バスがずらりと並んでいた。もともとこのツアーは、奉節でいったん降り、白帝城を見学することになっていた。その後、船に戻ることになっていたが、それがホテルに入るということになったようだった。

白帝城は奉節の船着き場からバスで二十分ほどで着いた。バスには白帝城専属の女性ガイドがいて、車内で喋り続けている。駐車場には数十台のバスがすでに停まっていた。ガイドの旗を追って白帝城に入る。

三国志の世界である。蜀漢《しょくかん》の王の劉備《りゅうび》が戦いに敗れ、この白帝城まで退却。家臣たちに合わせる顔がなく、この城で隠居することになる。死期が近づいた劉備は、息子を諸葛亮《しょかつりょう》と李厳《りげん》に託す。三国史記のなかでは「白帝城託孤」として描かれている。

通路を進むと、諸葛亮の像があった。そこから石段になったが、そのあたりからいくつかのツアー団体が団子状態になっていった。それぞれにガイドがつき、説明を続ける。意味はわからないが、とにかくうるさい。石段をのぼった先にある白帝

日本では諸葛孔明といわれることが多い諸葛亮の立派な像が。ツアー客は無視

石段はこんなかごでのぼることも。料金は100元、約1630円。僕は歩きました

廟では十を超えるツアー団体が入り混じりはじめた。随所に毛沢東や周恩来が記した碑などがあり、ガイドは説明をしているようなのだが、そのうちにガイドの担当分けがはじまった。史跡ごとに違うガイドが案内する。しかし数人のガイドのマイクを通した音がいつも響くから、やはり騒がしい。

「世界で嫌われる中国人ツアー客のただなかにいるんだよな」

とひとりごちる。海外で出会う中国人ツアー客はとにかくうるさい、と文句をいう人は多い。しかし中国以外の国で見るのはひとつのグループだ。しかし中国国内の観光地では、十を超えるツアーが渾然《こんぜん》一体になって進む。海外の比ではないのだ。なにもわからず、ただ流れに身を任せているだけなのだが、それはひどく疲れる観光だった。

翌日は朝六時に起こされ、わさわさと朝食をとり、バスに乗り込んだ。長寿古鎮という中国風に建てられたテーマパークのような観光地に寄り、午後の二時頃に重慶に着いた。その足で重慶港に向かった。

三十年前、重慶から長江の終点にあたる宜賓までの船に、外国人は乗ることができなかった。それを知らなかった僕は、切符売り場に並んだ。

――しかし、勇んで並んだ船の切符売り場の職員は、上司に相談したうえ、「没有。只有汽車」（切符はない。ただバス便があるだけ）とメモ用紙に書いたのだった。（中略）

しかし、中国にはさまざまな人がいるものだ。見るとベンチで英語の本を読んでいる若い女性がいるではないか。彼女になら切符を売ってくれるかもしれない。ワラにもすがる思いで頼んでみた。

「ええ、かまいませんよ。ちょっと待っててください」

十分後、その女性は二枚の切符とおつりを持って戻ってきた。

こうして僕らは切符を手に入れた。ところが乗り込んだ船には公安が乗っていたのだった。公安は無線で連絡をとり、指示をあおいだが、結局、乗ることを許してくれた。

重慶港に着いた僕らは、船切符売り場を探した。三十年前は乗船が許されなかったが、その後、中国の旅は自由度を増した。いまでは、ほとんどの場所に行くことができる。船が運航していれば、簡単に切符を買うことができるはずだった。

しかし切符売り場がみつからない。三十年前は、広い待合室のある立派な切符売り場があった。道を歩く人にも訊いてみた。切符売り場はないという。港に沿った道には、ビルが林立しているだけだ。

ビルの一階には、三峡下りを扱う旅行会社が軒を連ねていた。片っ端から訊く覚悟で店に入り、「至宜賓　船票」というメモを差しだす。一件目は、「没有」、二軒目も「没有」という言葉が返ってくる。三軒目は、中年女性が三人、カウンターに座っていた。やはり「没有」だったが、話を聞いてくれそうな雰囲気があった。

「バスしかありません。バスターミナルに行きなさい」

「それじゃ困るんです。なんとか船で行きたいんです」

すると隣にいた女性が身を乗りだしてきた。

「私の出身は宜賓市に近い江安《ジャンアン》県なんです。実家に帰るときはいつもバス。私がいうんだから、船はないですよ」

「船をチャーターする方法ってないですか」

「チャーター？」

この旅をはじめる前、上海に住む日本人の知人に、長江を遡る船旅について調べてもらっていた。身を乗りだすような情報はなにもなかったが、旅行者が重慶から宜賓まで一緒に船に乗る人を募っていたことがあったとも教えてくれた。ということは、船を一隻、チャーターする話ではないか。高額になるので、チャーター代をシェアしようとしていたのだろう。重慶までの出費をできるだけ抑えたのはそのためだった。このチャーター代が何万円もかかるのかもしれない。料金しだいだが、なんとか船に乗りたかった。

中年女性三人は顔を見合わせた。僕はスマホで翻訳した「宪章《シィエンヂャン》」という漢字を何回もメモに書いた。チャーターという意味だ。中国語が堪能なら、もっと適当な中国語があったかもしれないが。しかし三人の女性はわかっているようだった。ひとりがどこかに電話をかけてくれた。知りあいの船頭だろうか。しかし色よい返事はもらえない様子だった。江安出身だという女性は、その間、スマホでなにかを検索しているようだった。やっとみつけたという顔つきで、その画面を見せてくれた。それは公安からの通達だった。船が客を乗せて運賃をとることを禁止するという内容に受けとれた。対象になる県も表示されていた。

「宜宾《イーピン》、江安、长宁《チャンニン》……」

八県の名前があった。宜宾は中国の簡体字で、繁体字では宜賓である。长宁は長寧である。

カウンターに座って天井を仰いだ。

「これはだめかもしれない」

中国という国では、公安の通達はかなりの強さをもっていた。道路の速度制限などは、監視カメラがないとわかると、簡単に破る。こういうセコさは得意技だった。しかしそれは、発覚しない可能性が高い場合だ。そのあたりの感覚は鋭かった。その伝でいうと、宜賓まで、僕らを乗せて走るのは、かなり危ういと読めるような気がした。三十年前、重慶から宜賓まで三日かかっていた。いまは船の速度が速くなっているから、大幅に短縮されるかもしれない。それでも一日はかかるだろう。

阿部カメラマンと顔を見合わせた。

「だめな気がする……」

店を出、港に立った。重慶は午後から雨になっていた。傘をさし、長江を眺める。石炭を積むような大型船は見えるが、チャーターというわけにはいかないだろう。浮き橋型の桟橋があり、そこに三人ほどの客が立っている。対岸に停泊しているのは渡し船だろうか。チャーターは難しいだろうし、船としては小さすぎる。通達があって以来、長江をのぼりくだりする船は、この港から姿を消してしまったのかもしれない。

おじさんが運転する小型のタクシーに乗り菜園壩《ツァイユエンバー》車站というバスターミナルに

向かった。難しい名前だが、港の旅行会社で、「菜園壩に行ってバスに乗るしかない」と何回もいわれるうちにすっかり覚えてしまった。

バスの切符は簡単に買うことができた。宜賓行きは三十分に一本の割合で出ていた。翌日の朝、九時発の切符を買った。四時間半で着くという。三十年前、三日かかった距離が四時間半。船便が姿を消すのも無理はなかった。

日本から船で上海に向かい、そこから船で宜賓をめざす旅。三十年前のルートを辿る旅は空まわりばかりだった。唯一、宜昌から重慶までの船には乗り込んだのだが、途中からバスになってしまった。三峡ダム湖から奉節の港まで。それだけだった。


翌日の朝、出発したバスは、片側二車線の高速道路を時速百キロ近い速度で進んだ。バスには省際客車と書かれていた。省をまたいで運行されるバスだった。宜賓は四川省になる。宿から金沙江と岷江の合流点に行く途中、宜賓燃面という麺を食べた。燃えるように辛いという意味だろう。唐辛子に花椒《ホアジャオ》を加えた刺激は四川省の味だった。

三十年前、どのあたりに船が着いたのか……その記憶はなかった。目の前で金沙江と岷江が交わっていた。金沙江に比べ、岷江の水は褐色が濃く、勢いがある。ここから長江がはじまるのだ。

金沙江と岷江の合流点脇は公園になっていた。川で泳ぐ中年男性が数人いた。寒中水泳は、中国人が大好きな健康法だ。まだ冬ではないが、彼らは一日一回の川泳ぎを課しているのかもしれない。

宜賓から成都《チョンドウ》に出た。三十年前はバスを使ったが、ここにも新幹線の動車組が走っていた。成都と貴州省の貴陽《グイヤン》を結ぶ新幹線で、二〇一九年六月に開通したばかりだった。二等の切符を買うことができた。運賃は百十元。約千七百九十三円だった。宜賓から成都までは二百五十キロ近くある。そこを時速二百キロを出す動車組が一時間四十分ほどで結んでしまう。

この動車組には成都東駅から、成都の空港である成都双流空港までも乗った。窓口で切符を買った。列にしばらく並び、メモを渡した。職員が打ち込むと、乗客用のモニターにデータが出る。

「八元——」

目を疑った。八元というのは約百三十円である。そんな短い区間も、新幹線を利用できるのだ。

どういうルートで日本に帰るのかで悩んだ。重慶から宜賓まではチャーターとも

宜賓燃面がこれ。6元、約98円。花椒より唐辛子で攻められた。むせ返るほど

宜賓では麻辣豆腐も。麻婆豆腐との違いは諸説あるが、安さでいったら麻辣豆腐

思っていたが、公安の通達がその可能性も消してしまった。十二万円の予算は大幅に余っていた。

三十年前は飛行機で上海に出、そこから鑒真に乗って帰国した。その方法をとることもできた。しかし上海から東京まではLCCが就航していた。全日空の子会社LCCのピーチ・アビエーションに乗ることもできた。

思いついたことがあり、成都から上海までの検索をやめ、成都から東京まで調べてみた。

「やっぱり……」

スマホの画面には、韓国のアシアナ航空が最安値で出てきた。成都から東京まで片道二万二千四百九円だった。

日本と韓国の間に横たわる空気は険悪だった。日本と韓国を結ぶ航空会社は乗客の減少に悩んでいた。そこで大韓航空とアシアナ航空は、アジアやアメリカからソウル経由で日本に向かう便を大幅に値下げしていた。日本と韓国の間は、いくら安くしても乗客は増えないが、ソウルを経由する便なら……という発想なのだろう。

旅の総額は八万六千四百二十二円だった。

コラム

中国のネット事情

日本であたり前のように使っていたインターネットサービスが、中国では使えない。グーグルマップを見ることもできず、ラインも接続できない。フェイスブックも無理。インスタに写真を載せることもできない。ユーチューブを見ることもできない。

これは設備が貧弱だとか、通信インフラが整っていないという理由ではない。国家の問題である。中国がブロックしているのだ。

たとえば二〇一九年からの香港の民主化運動。香港は日本と同じ通信状態だから、その様子はインターネットを使って見ることができる。しかし中国には伝わらない。ブロックしているからだ。

しかし中国を歩くとき、これでは困る。ネットへの依存度が高くなるほど、不自由さが募る。

長江を船で遡ることにトライした今回の旅。現地に行ってみないとわからないことが多かった。その日にどこまで辿り着くことができるかわからない。インターネットサービスが使えないと、泊まるホテルを予約することもできない。

　中国でスマホを日本と同じ環境にする方法はいくつかあるようだ。僕はいつもVPN対応ルーターを日本で借りていくが、新鑒真で会った日本人の青年は、香港で売っているというシムカードを日本のアマゾンで買っていた。このほうが安いそうだ。うまく接続できたかはわからないが。

　VPNは、バーチャルプライベートネットワークの略。そのカラクリがいまひとつわかっていないのだが、それぞれの街やエリアでVPNに接続すると、日本にいるのとほぼ同じネット環境になる。Gメールも自由に使え、ラインやフェイスブックも問題なく接続できるようになる。

　しかしやはり無理があるのだろうか。毎回、一回か二回のトラブルがある。

　以前、新疆ウイグル自治区を訪ねたときはトラブルが多かった。そこからバスで青海省に抜けたが、境界を越えたとたん、急につながりがよくなった。中国は新疆ウイグル自治区での管理を強めている。反政府組織のテロを警戒しているのだ。VPN接続にも制限を加えているのかもしれない。

　今回の旅は移動が多かった。それぞれの街で接続先を探すのか、つながるまでにしばらく時間がかかることが少なくない。

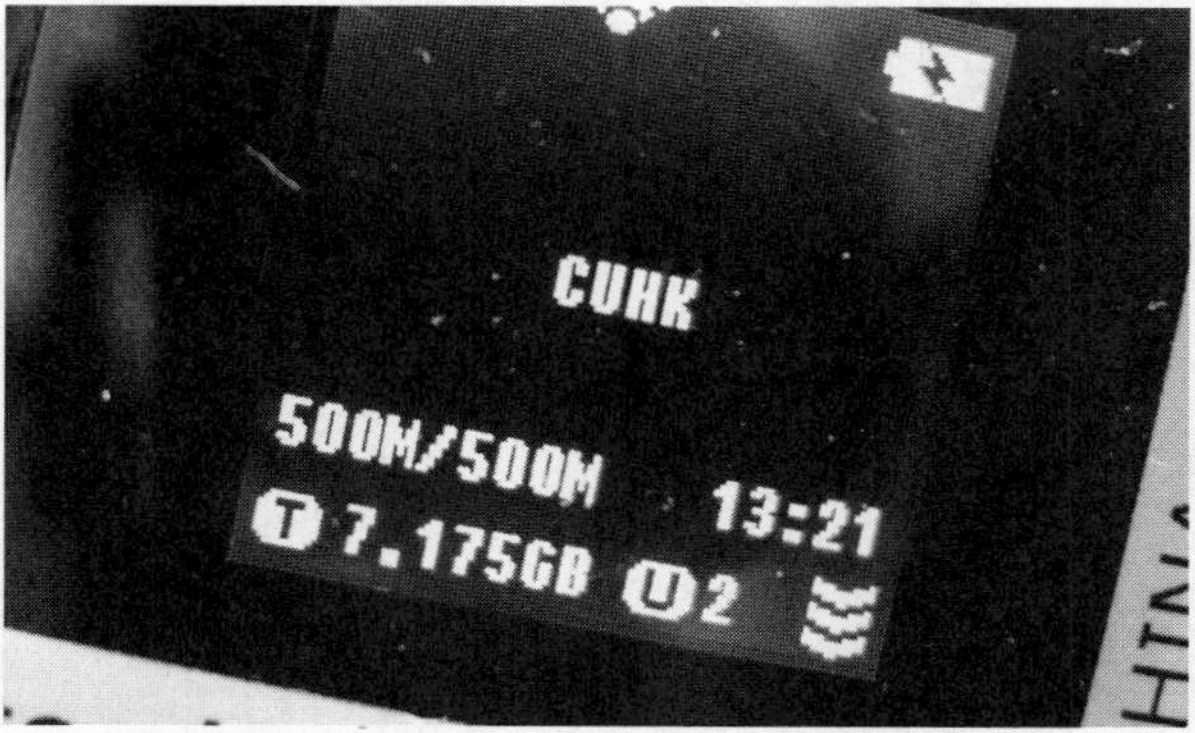

VPN対応ルーターには、残りの容量が表示されるのだが……

宜昌のホテルで、急につながりが悪くなった。すると五百円を追加で支払えば容量を増やすことができるというメールが入った。同意してしばらくすると、つながりがよくなった。

ＶＰＮ対応ルーターをレンタルする際、その容量でレンタル料が変わってくる。経費を抑えないといけない旅だから、安いプランにしていた。帰国後、ルーターのレンタル会社に訊いてみた。宜昌のホテルにいたとき、スマホのアップデートと重なり、そのときに一気に容量を消費したためといわれた。わかったようなわからないような……。

僕らのルーターのレンタル料は一日千円ほどだった。

明細書●いまむかし

＊両替レートは時と場所によって多少異なるため、総計額と差がでる場合がある。

1988年9月

1中国元＝約37・4円

■1日目
船賃（神戸→上海）……2万3000円
船賃（上海→大阪、復路割引）……2万7000円
食費……175円
■2日目
食費……750円
酒、タバコ……475円
■3日目
茶……100円
食費……670円
食費……6・25元
船賃（上海→武漢）……26・6元
■4日目
食費……9・75元
タバコ……0・78元
洗剤……0・125元
■5日目

2019年10月

1中国元＝約16・3円

■1日目
船賃（新鑒真。大阪→上海）……2万3000円
バスタオル（レンタル）……1000円
昼食（ラーメン）……500円
夕食……700円
■2日目
昼食（ロースかつラーメン）……550円
夕食……725円
■3日目
地下鉄……4元
列車（上海→武漢）……3930円
昼食（そば）……14元
夕食（カップ麺、ビールなど）……11元
■4日目
朝食……17元
地下鉄……3元
昼食……10元

食費……12・8元
酒……1・5元

■6日目

食費……1・957元
コーヒー、ジュース……1・25元
力車……2元
雑費……3・5元
タバコ……6元
船賃（武漢→重慶）……70・2元

■7日目

食費……8・675元

■8日目

食費……5・35元
タバコ……5・5元
2等席入場料……10元

■9日目

食費……6・45元
酒……2・425元
映画……0・5元

■10日目

食費……27・68元
食料（インスタントラーメン、缶詰ほか）……7・25元
酒……11元
タバコ……1・24元
雑費……2・13元
ホテル……70・25元

水……2元
列車（武漢→宜昌東）……194元
ホテル……1174円
夕食……41元
船切符……870元

■5日目

朝食……7・5元
バス……2元
食料……9・5元
昼食……10元
夕食……19元

■6日目

水……3元
食料など……24元

■7日目

昼食（長寿米粉）……10元
タクシー……60元
タクシー……20元
ホテル……885円
バス（重慶→宜賓）……94元
夕食……28・5元

■8日目

朝食……3・5元
昼食……6元
タクシー……8元
ホテル……1221円

■11日目
船賃（重慶→宜賓）……22・6元
食費……4・5元
タバコ……1元
■12日目
船賃追加……11・3元
食費……5・2元
タバコ……2・05元
■13日目
食費……13・1元
洗剤……0・7元
■14日目
バス……0・6元
食費……15・5元
タバコ……1・5元
コーヒー……2元
雑費……2・1元
船賃（宜賓→成都）……16・1元
■15日目
ホテル（2泊分）……120元
バス……0・3元
食費……8・02元
タバコ……1元
タクシー……2元
酒……21・5元
■16日目
夕食……35元
ビールなど……17元
■9日目
朝食……10元
タクシー……10・5元
列車（宜賓→成都）……110元
夕食……12元
列車（成都→空港）……8元
飛行機（成都→東京）……2万2409円
ルーター……3950円

計
日本円……5万9144円
中国元……1673・5元
総計……8万6422円

食費……64・27元
コーヒー……4元
飛行機（成都→上海）……437元
地図……0・35元

■17日目
食費……4・3元
バス……4元
コーヒー……5元
タクシー……3・5元
ホテル（2泊分）……245・65元
雑費……0・6元

■18日目
ホテル……20元
食費……15・3元
コーヒー……3・85元
上海風呂……34元
タバコ……0・94元
酒……34元
雑費……7元

■19日目
ホテル……91元
食費……1・71元
土産……86元
出港税……12元

■20日目
食費……2800円

タバコ……100円

■21日目
食費……4600円
雑費……400円

■22日目
食費……2440円

計
日本円……5万6210円
中国元……1626・702元
総計……11万7104円

第四章

12万円でサハリンに暮らす

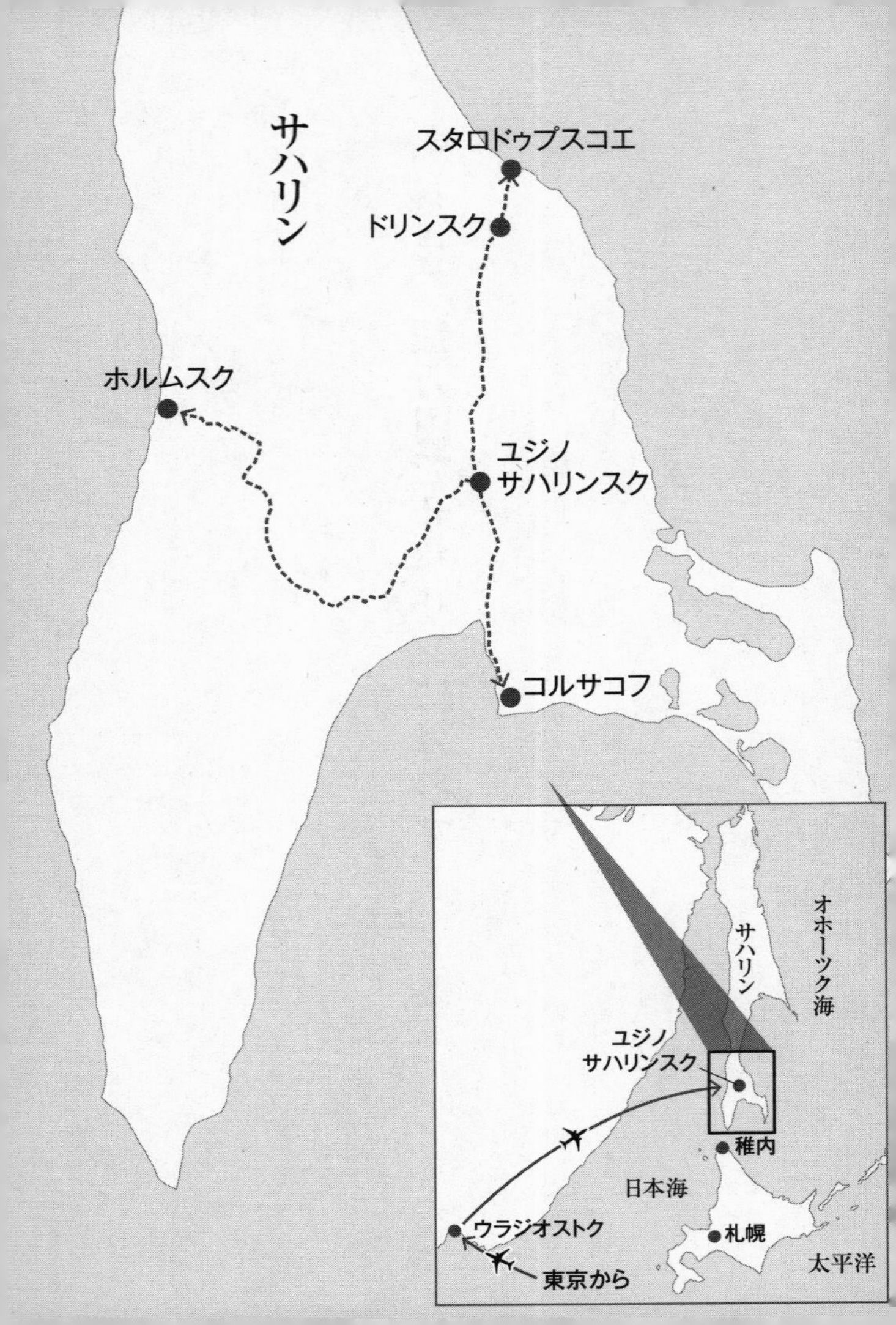
サハリン
スタロドゥプスコエ
ドリンスク
ホルムスク
ユジノ
サハリンスク
コルサコフ
オホーツク海
サハリン
ユジノ
サハリンスク
稚内
日本海
ウラジオストク
札幌
東京から
太平洋

二階の部屋の灯りがついている。なかにいるのはオレシャさんだろうか。どうしたら僕らが外の雪のなかに立っていることを知らせることができるだろう。一階の入口は金属製の扉になっていた。管理人などいないアパートである。ドアを何回かノックしてみたが、誰かが気づく気配はなかった。あたりはしんと静まり返っている。

寒い。

マイナス十二度と機内放送は伝えていた。僕のダウンジャケットは機内に預けた荷物のなかだった。同行する阿部稔哉カメラマンのセーターも預けた荷物のなかだった。

荷物のなか？　察しがいい人はわかるかもしれない。またしても遭ってしまった。ロストバゲージである。東京からウラジオストクに向かい、そこで飛行機を乗り換え、ユジノサハリンスク空港に着いた。預けた荷物が出てくるターンテーブルの前で待ったが、僕らの荷物は出てこなかった。

ユジノサハリンスク空港は、サハリンの中心都市、ユジノサハリンスクの郊外にある。サハリンは戦前、樺太《からふと》と呼ばれていた。北緯五十度以南は日本の領土だった。いまは、ロシア国籍の人々が暮らしている。

そういう星のもとに生まれているのか、僕はしばしばロストバゲージに遭ってい る。年に一回のペースだろうか。知人には、これまで荷物が出てこなかったという経験が一回もないという人が多い。たしかに僕は飛行機に乗る回数は多いが、どこか狙い撃ちされているかのような気になってくる。多くが乗り換え便である。ロストバゲージの責任は、どちらかというと乗り換え空港側にある。北京、上海、サンフランシスコ、キエフ、香港……荷物が積み換えられなかった空港に脈絡はない。

荷物を預けない……という以外の自衛策はない。あまりに何回もロストバゲージの憂き目に遭っているせいか、到着した街に一泊しかしないときは、できるだけ荷物を預けないようにしている。出てこなかった荷物は、だいたい航空会社か空港専属の配送業者が宿泊先まで運んでくれるが、翌日になることが多い。タイミングが悪く、ほかの街に行ってしまうと、荷物が追いかけることになる。一泊ずつで移動してしまうと、いつまでも追いかけっこが続く。どこまでも運んでくれるという確証もない。

ロストバゲージの手続き。お詫びに現金100ドルなんて航空会社はないかなぁ

今回はサハリンに暮らすというプランだった。『12万円で世界を歩く』という約三十年前に旅したルートをなぞる……という本旨の派生型だった。サハリンのユジノサハリンスクで十二万円で一週間、暮らしてみようと思ったのだ。

滞在先は一都市だから荷物を預けたのだが、忘れていた。ユジノサハリンスクはマイナス十二度だったのだ。

ターンテーブルの脇にあるカウンターに向かう。ほどなくして女性スタッフが現れた。損な役まわりだといつも思う。荷物を積み忘れたのは前の空港の職員である。しかしその苦情を一手に受けなくてはならない。何回も経験するとこの場で怒ったところで、荷物が出てくるわけではないことを悟ったが、最初にロストバゲージに遭ったときは、さすがに、「どうしてくれるんだっ」といいたくなった。それは誰しも同じなのだろう。一度成田空港のロストバゲージカウンターに立ったことがある。北京乗り換えの便だった。荷物が出てこない数人が、そのカウンターを囲んでいた。そのなかに、三十代の端麗な日本人女性がいた。高そうなスーツ姿だった。荷物が今日、受けとれないことがわかると、突然、大声で叫んだ。

「ばかやろう」

その容姿からは思いもつかない声の大きさと太さに、周囲にいた人が振り返るほどだった。その心境がわからないではない。今日、どうしても使いたいものが入っていたのかもしれない。若い女性職員は、ただ頭をさげている。サンドバッグ状態である。

ユジノサハリンスク空港で荷物が出てこなかったのは、僕らふたりだけだった。やってきた女性職員は、ロシア人にしては愛想がよさそうな笑顔をつくった。（なれているな）と一瞬、感じた。

「たぶん荷物はウラジオストクの空港にあると思います」

「よくあるんですか?」

女性職員はなにも答えず、書類をつくりはじめた。たぶん頻繁に起きている気がした。

「今日はもう便がありません。明日の最初の便は午後三時にユジノサハリンスクに着きます。それから届けるので、五時ぐらいには。ホテルはどこですか?」

そこで困ってしまった。僕らはAirbnbを通して、アパートを借りていた。はじめはキッチン付きのホテルを探したのだが、一泊八千円近くした。一週間は滞在するつもりだった。予算は十二万円。飛行機代を加算すると足が出てしまいそうだった。そこでAirbnbのサイトで探すと、「STKマウンテンエアー」というアパートが一泊五千五十九円でみつかった。そこに予約を入れていた。ホテルならフロントで荷物を受けとってくれる。しかしアパートである。管理人もいないようだった。翌日の五時に荷物をどうやって受けとればいいのだろうか。

最近、世界には、フロントが存在しない宿や、管理人がいない宿が多い。ホテル代が高い欧米では、その安さに惹かれて、つい、こういった宿に吸い寄せられてしまう。カナダのトロントでもそうだった。ロストバゲージの荷物が届いても、管理人は限られた時間帯しか宿にいなかった。結局、空港にある航空会社のオフィスに保管してもらい、僕が空港に向かうことになってしまった。

そのあたりの事情を、女性職員に伝えた。

「じゃあ、午前十一時に、ロストバゲージのオフィスに電話を入れてください。正確なことがわかりますから」

ここで引きさがってしまうと、気をもむことになる。オフィスは誰も電話に出ないことが多いのだ。これだけロストバゲージに遭っていると、僕も少しは知恵がついてくる。ポイントは、職員の携帯電話番号を教えてもらうことだった。そこまでは粘らないといけない。それを伝えると、女性職員は、自分の携帯電話番号を書類にさらさらと書いてくれた。意外なほどスムーズだった。彼女はタクシーも呼んでくれた。ロシア語でしか書かれていない住所をドライバーに告げてくれた。

トラブルとは重なるものだ。僕は世界の百カ国以上でつながるモバイルWi-Fiルーターを借りている。しかしそのつながり具合に国による差がある。さくっと接続する国が多いが、ときに、十分、二十分と待たなければいけないことがある。ユジノサハリンスクの空港を降りたとき、電源を入れたのだが、なかなか反応しなかった。

Airbnbは、ネットがつながっていることが前提の予約システムだった。アパートを貸しだしているのは、オレシャさんという女性だった。彼女からは、アパートに着く三十分前ぐらいにメールを送ってほしいという連絡を受けていた。部屋で鍵を渡すという段どりだった。そのメールを送ることができなかった。そうこうしているうちに、タクシーはアパートに着いてしまった。数センチ積もった雪道を歩く。車を降りると一気に寒気に包まれた。マイナス十二度なのだ。住所を確認した。合っている。僕らが借りた部屋は明るい。しかし、そこに入る手だてがない。何回もスマホをネットにつないでみる。だめだ。ルーターの電源を切り、再度電源を入れてみる。スマホを再起動させてみる。つながらない。十分、二十分……。焦っているせいか、体は寒くないが、スマホを触る指先が痛くなり、しばらく暖めないと操作ができない。

と、窓に女性の姿が見えた。オレシャさん？　阿部カメラマンがスマホのライトを点灯させ、それを大きく振って、「お～い、お～い」と声をかける。しかし気づいてくれない。寒さを防ぐために、窓はしっかりと閉まるのだろう。窓を閉じても外の音が届くアジアとは違う。

なんとか気づいてほしい。さもないと、僕らは外で夜明かし？　そんなことができるわけがない。マイナス十二度なのだ。

僕も手を振った。
何回も振った。
一分、二分……。
女性の顔が動き、こちらに視線が動いた。表情が変わった。窓が開いた。
部屋のなかはとろけるほどに暖かかった。

届かない荷物は、オレシャさんが問い合わせてくれることになった。話をしながらスマホを見ると、ネットがつながっていた。もう少し早く、と一瞬、思ったが……。

翌日の十一時にオレシャさんからメールが入った。荷物はやはりウラジオストクの空港にあった。午後三時の飛行機で運ぶという。夕方五時にはアパートに届くようだった。

翌日の朝も寒かった。朝、ネットで気温を調べると、マイナス八度だった。街を歩いてみたかったが、僕はダウンジャケットがない。阿部カメラマンのセーターは預けたザックのなかだ。
思い切って外に出てみることにした。日本が建てたサハリン州郷土博物館に行っ

オレシャさんは親切だった。届かない荷物の連絡役をすすんで引き受けてくれた

てみた。観光地というものがほとんどないユジノサハリンスクの街で、日本人なら訪ねる人が多い場所だった。一見、小さな城のようにも見える。一九三〇年代に日本で流行した帝冠様式だという。コンクリートの建物の上に、日本風の瓦屋根を載せている和洋折衷である。当時も博物館で、いまも博物館として使われている。

アパートから歩いて二十分ほどかかった。やはり寒い。ダウンジャケットがないとつらい。館内に入る余裕がなく、近くのカフェで暖をとった。そこから歩いてアパートに戻った。帰り道、

「この防寒具だと、外を歩くのは一時間が限界ですね」

と阿部カメラマンが震えるような声でいった。

荷物は約束通り午後の五時に届いた。オレシャさんは、アパートから五キロほどのところに住んでいたが、荷物を運ぶドライバーと連絡をとりあっていたのか、同時にアパート前の駐車場にやってきてくれた。それを見、コートを着込み、手袋をはめ、外に出た。ドライバーからふたつの荷物を受けとった。トラックの荷台には、まだ六個の荷物があった。僕らのアパートに届ける前に、すでにほかのところに寄ったのかもしれないが、この日だけで、八個以上のロストバゲージがあったことになる。ウラジオストクの空港での乗り継ぎ便を選んだときは、荷物を預けないほうがいいかもしれない。

防寒具が届き、二日目の夕方にやっと外を歩くことができるようになった。

ユジノサハリンスクに滞在している間、僕らはコルサコフ、ホルムスク……といった近郊の街に出かけた。ユジノサハリンスクの駅前へ行くと、それらの街に向かうマルシュルートカや大型バスが停まっていた。マルシュルートカというのは中型の乗り合いバスである。

コルサコフは日本時代、大泊《おおどまり》と呼ばれていた港である。昨年（二〇一九年）は運

ユジノサハリンスク。ロシア風の街並みで、日本時代の痕跡はほとんどない

航されなかったようだが、毎夏、就航していた稚内とサハリンを結ぶフェリーも、このコルサコフに着く。訪ねた日はいい天気だった。朝の気温はマイナス十六度。空が晴れると気温がさがる。

コルサコフの港の手前のターミナルにマルシュルートカは着いた。がちがちに凍りついた道をそろそろ歩いていると、一軒の魚屋があった。なかを見ると中サイズの段ボール箱に、みごとなカニが無造作に入れられていた。手にとってみた。花咲ガニと呼ばれるカニだ。店のおばさんに値段を訊くと、秤《はかり》に載せ、電卓を叩いた。八百七十五ルーブル、約千四百九十六円。日本に比べるとだいぶ安かった。

以前、冬の稚内を訪ね、魚介類を自宅に宅配便で送ったことがあった。以来、年に一、二回、その店から立派なパンフレットが届く。そこには花咲ガニも載っていて、いつも六千円ほどの値がついていた。コルサコフまで来れば、その四分の一……。

「夕飯、これですか」

阿部カメラマンが口を開いた。借りたアパートには、しっかりしたキッチンがあり、その横にはダイニングテーブルがあった。そこで、花咲ガニの足をとり、殻を割ってカニ肉を頬張る。そんな写真を思い描いていたのかもしれない。

十二万円で暮らす——。前作の『12万円で世界を歩くリターンズ——赤道・ヒマラヤ・アメリカ・バングラデシュ編』では、バングラデシュ南部の村を選んだ。そこで痛感したのは、アジアの村に暮らすことなどとてもできないということだった。ミャンマーとの国境に近いその村は、道端に青空八百屋があるだけだった。気まぐれに行商人が現れ、魚は手に入ったが、肉類は難しかった。そこでリキシャに二十分ほど乗った先にある市場に出かけた。そこに肉はあったが、イスラム教のエリアということもあり、鶏しかなかった。そしてその鶏は生きていた。ゲージのなかで、

ナーがすごく充実しているっていうんです。レストランも少ないから、旅行者も、その惣菜を買って、ホテルの部屋で食べてるみたいだって……」

それを早くいってよ……といいたい心境だった。たしかにスーパーの惣菜コーナーは壮観だった。サラダにフライ、煮物、炒め物……店によって違いはあるが、五十種類以上はある。それを買い、ホテルの部屋で食べる。気兼ねのない夕飯になる。僕はアジアを歩くことが多いから、食事は店でという発想がある。朝、昼、晩と店のテーブルで箸やスプーンを動かす。その感覚はロシアには向かなかった。それがわかっていれば、街なかをぐるぐる歩いて店を探すこともない。いままでの苦労はいったいなんだったのかと、唇を噛んだ。

意外なほど簡単に買うことができた。僕はロシア語をまったく話すことができないが、好みの惣菜を指させば、適量をプラスチックの器にとり分けてくれる。百グラムといった英語なら理解してくれることも多い。

ロシアは酒飲み大国だから、アルコール類は充実している。一・五リットルのペットボトル入りのビールが酒コーナーで幅を利かす国はロシアだけではないか。その横には、百種類はありそうなウォッカの壜。ワインやウイスキーも、日本のスーパー並みにそろっている。

値段も安かった。サラダは百グラムなら五十ルーブル、八十六円もしない。ほかの惣菜も、百ルーブル、百七十一円以下の設定が多かった。十二万円で暮らす……という旅を考えたとき、ロシアのスーパーの惣菜コーナーが思い浮かんだのだ。

僕は日本にいても、ほとんど料理はしない。妻任せである。阿部カメラマンは、頻繁に料理をつくるらしい。しかし一週間ほどの滞在で、いろいろ食材や調味料をそろえていくとかなり無駄が出る。スーパーの惣菜コーナーを軸にすれば、暮らす旅はうまくいくのではないか。

ユジノサハリンスクについた晩、僕らは腹が減っていた。S7航空からオーロラ航空とロシアの航空会社を乗り継いできた。機内食は簡素なもので、紙パックに入ったサンドイッチと飲み物だけだった。オレシャさんに訊くとすぐ近くにスーパーがあるという。自宅に帰る彼女と一緒に部屋を出た。寒かったが、腹も減っていた。スーパーは本当に近かった。アパートから百メートルもない。うれしいことに二十四時間営業だった。

スーパーの前で彼女と別れ、店内の惣菜売り場に直行した。夜の十一時をまわっていたが、五十種を超える惣菜がズラリと並んでいる。体がとろけそうだった。ハ

僕らの食生活を支えてくれたスーパーの惣菜コーナー。壮観でしょ

物菜を買って、雪の道をアパートに帰る。ロシアの暮らしですなぁ

ンバーグとサケのムニエル、パンと水を買った。これでひとり分が二百五十ルーブル、約四百二十七円。この惣菜売り場には、本当に世話になった。なにしろ毎日、その前に立ったからだ。もう完全に顔を覚えられてしまった。売り場の女性からは、いつも、「また来たの」といった顔つきで笑われてしまった。

夕食のメニューがそろってくると欲が出てくる。ビールだった。このスーパーは酒類は置いてなかった。翌日になってわかるのだが、このスーパーには、ビールやウォッカが並ぶ立派な酒コーナーがあった。しかし深夜になるとシャッターを降ろしていたのだ。それは世界的な流れだった。大酒飲みが掃いて捨てるほどいるロシアも同様で、夜の十一時にはシャッターを閉めるようになっていたのだ。

それを知らない僕らは、レジにいたおばさんに、ビールを売っている店を訊いた。おばさんはなんの疑問もないそぶりで、店を出て、左にいくと店がある……と教えてくれたのだった。

僕らはマイナス十二度の雪道を歩いた。それらしき店は、なかなかみつからなかった。しだいに足先や指先が痛くなってくる。それでも、「あの角まで」と歩く。我ながら愚かだと思うが、やはりビールは飲みたかった。

夜の十一時以降、酒類を販売しないのは、店の判断ではなく法律だった。ビールを売る店が開いているわけがなかった。

さらに十分近く滑る冷たい道を歩いた。もう午前零時近い。ビールへの渇望を寒さが超えた。

「諦めるか。食料は手に入ったし……」

阿部カメラマンに声をかけた。彼はセーターがなく、僕はダウンジャケットがなかった。

しかし酒飲みの勘に、我ながら怖くなるようなことが起きる。世界はいま、年を追って酒が飲みづらくなってきている。そこを僕は旅をしている。日々、その勘を鍛えているということか。アパートへの帰り道だった。痛い足先と指先をいたわるようにとぼとぼと歩いていると、一軒の雑貨屋の前に三人の男が立っていた。この寒空に戸外に立つ男たち。におってくるものがあった。

ビールを探して歩いているとき、この店もチェックしていた。店内に灯りはついているのだが、店員がいる気配がなかった。ドアも閉まっていた。ところが男たちが立っているところを見ると、小窓があるではないか。ひとりの男が、そこから煙草を受けとり、金を払っていた。

いけるかもしれない。

小窓の前に近づいた。男にビールについて訊いてみた。男は酔っていた。息が酒臭い。いっていることがわからない。僕は小窓をノックしてみた。なかから、のっぺりとした顔の若い女性が現れ、小窓を開けてくれた。

「ビール、ありますか」

表情が変わらない。反応もない。愛想がないというより、どこか困っているようにも見える。と、その女性が指を一本立てた。

(ビールを一本ってこと?)

慌てて、指を二本立てた。

しばらくすると、なにかが入った黒いビニール袋をもってきた。

黒いビニール袋?

ビールだと確信した。

シベリア鉄道のホームが脳裡《のうり》に浮かんだ。そこにはパンや菓子類、飲み物を売る店がある。しかしビールやウォッカはなかった。ホームでの販売は禁止になっていたのだ。そしてシベリア鉄道の車内も禁酒だった。しかしロシアである。同室の男とその店に入ると、店員は奥のドアを開け、なかから黒いビニール袋に入った壜をもってきた。買った男がなかを見せてくれた。ウォッカだった。

ユジノサハリンスク初日の夕食。スーパーと違法雑貨屋があれば、これだけそろう

黒いビニール袋は、そんなふうに使われていた。

そのとき、僕は情況がわかった。深夜に酒を売ってはいけないのだ。しかしこの店はこっそりと売っていた。

黒いビニール袋を受けとった。かなり重い。言葉が通じないので、千ルーブル札を出してみた。七百ルーブルのお釣りがきた。ビール二本で三百ルーブル、約五百十三円だった。

黒いビニール袋のなかを見てみた。一・五リットルのペットボトルだった。阿部カメラマンと顔を見合わせた。

アパートの部屋は暖かかった。ダイニングテーブルが置かれたキッチンと寝室の二部屋だった。全館集中暖房方式で各部屋のラジエーターが熱を発していた。ラジエーターは浴室やトイレにも置かれていた。浴室のラジエーターは、タオルをかけるスタイルになっていた。

「ロシア人って優しいですよ」

阿部カメラマンがビールのグラスをぐいっと飲みほしながら口を開く。

「黒いビニール袋に入れる配慮も忘れない。彼女、表情がないんで、どうかと思ったんだけど」

借りたアパートの寝室。窓の外はサンルームスタイルになっている

キッチンもしっかりしていた。電気製品の表示はロシア語だが、なんとかなる

なにしろ一・五リットルのペットボトルが二本もあるのだ。僕らは荷物が届かないことも忘れ、すっかりいい気分になってしまった。得な性格のふたりだと思う。

翌日は少し街に出た程度だった。防寒具が不足していて、長い外出は難しかった。夕方五時には荷物が届くから、アパートにいなくてはならなかった。

三日目、ボルシチをつくってみることにした。キッチンには、食器類のほか、フライパンや各種鍋、電子レンジ、湯沸かしポット、鍋などを三個載せることができるIHヒーター、ナイフやまな板など、調理器具が十分にそろっていたからだ。

ネットでボルシチのつくり方を調べた。ボルシチはビーツを煮込んだスープ。ロシアを代表する料理だった。

二十四時間営業のスーパーの少し先に、八百屋、肉屋など数軒の店が並ぶ一画があった。僕らが借りたアパートは、団地のなかにあった。そこに住む人たち向けの店だった。

ネットでビーツのロシア語を調べ、それをメモに書き込んで、その一画に向かった。どの店も店員がひとりの小さな店だ。メモを見せると、すぐにわかった。棚のダンボールのなかに、土のついたジャガイモ大のビーツが無造作に入れられていた。見た目はよくない。灰褐色の皮に覆われている。ジャガイモよりグロテスクだ。

日本の八百屋に比べると葉物が少ないか。でも、これだけそろっていれば十分

ビーツ。はじめはジャガイモかと思い、通りすぎてしまった

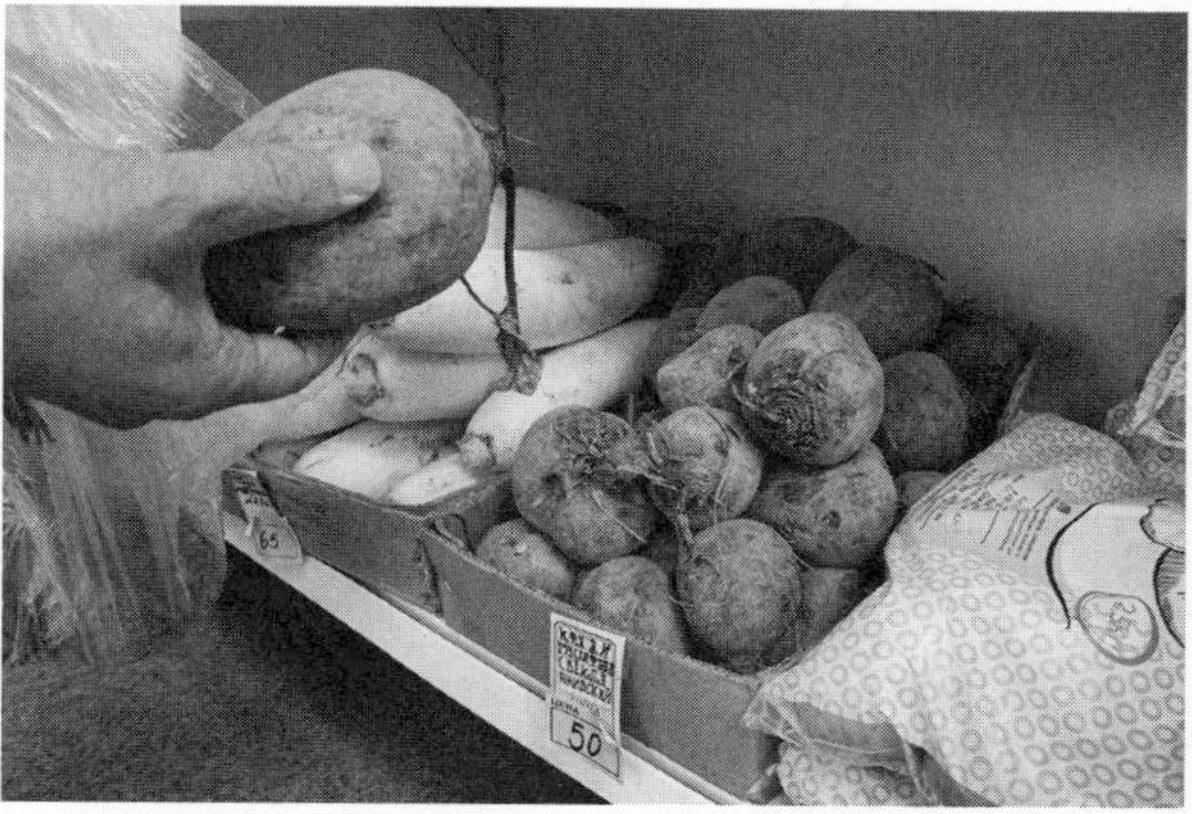

そこで、ビーツ、玉ねぎ、トマト、リンゴ、ディルを買った。スーパーと違い、一個単位で買うことができる。リンゴは、ビーツと和えてサラダもつくろうと思ったからだ。検索すると、その料理が出てきた。ディルは、欧米や中東ではよく使われるハーブだ。癖のある風味だが、僕は好きな香りだ。これはボルシチの上に載せるつもりだった。合計で百六十ルーブル、約二百七十四円だった。

ボルシチには牛肉が合うようだった。八百屋の隣の肉屋に入った。しかしそこにあったのは、ステーキ用の立派な肉で、四百ルーブル、約六百八十四円もした。そこで二十四時間のスーパーで、塊状のハムを買った。どんな味になるかわからなかったが。サワークリームもほしかった。しかしどれがサワークリームなのかがわからない。勘でいくしかなかった。それに油を加え、合計で二百九十ルーブル、約四百九十六円だった。

これですべてがそろった。アパートに戻り、まずビーツを切った。内部は赤黒く、それを切ると、まな板や指先がまっ赤に染まった。ほかの野菜も切り分け、軽く炒める。ハムも切って茹で、そこに野菜を投入。あとはひたすら煮込んだ。それを見ながら、

「つくり方の原理ってカレーみたいなもんだよな。カレー粉の代わりに、ビーツを

慣れない料理をなんとかこなす。頼みはクックパッド

はじめてつくったボルシチが完成した。その味は本文を読んでほしい

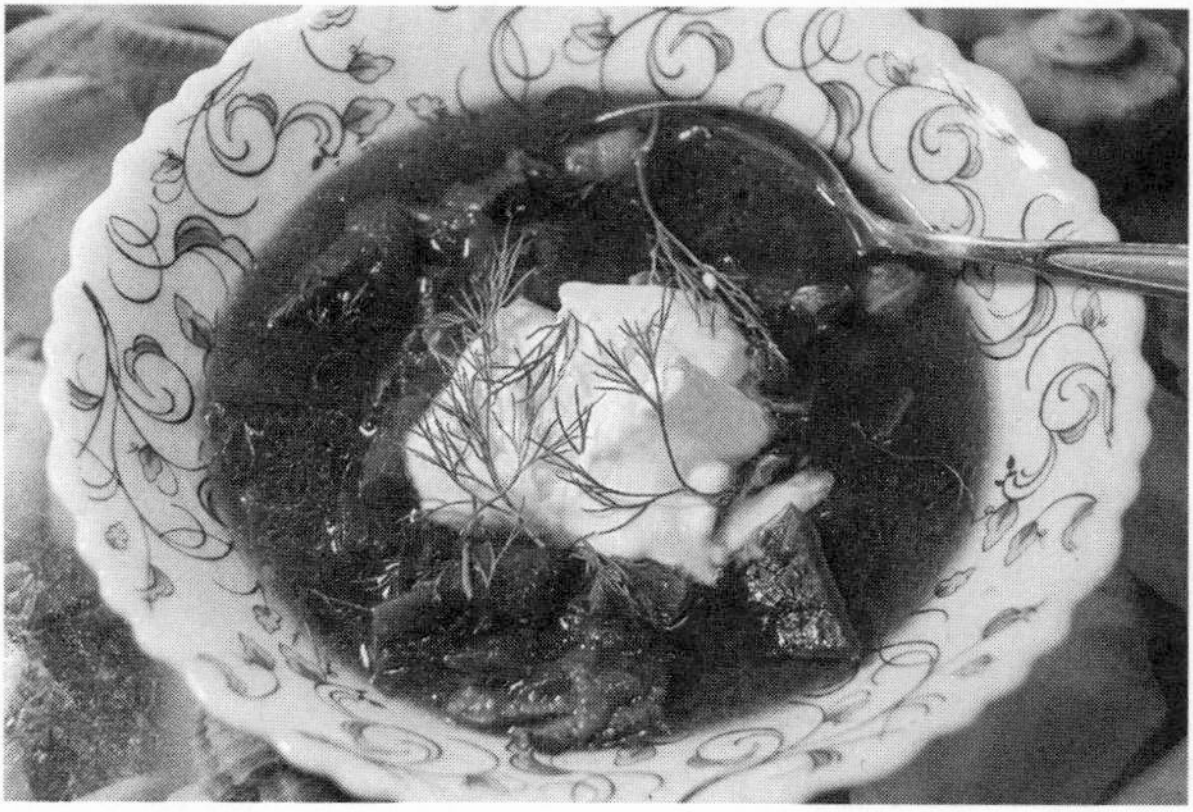

入れるってことじゃない」

と阿部カメラマンにいうと、彼は少し首を傾げた。

「少し違うと思うんですけど……」

といった。料理の腕前は彼のほうがはるかに上だ。僕のようないい加減さがない。手の動きが丁寧だ。少し不安になったが、ここまできたらただ煮込むしかない。

ときどき水を足し、一時間ぐらい煮込んだだろうか。もういいだろうと、スープ皿によそい、サワークリームらしきクリームを載せ、ディルを散らす。

見た目はすっかりボルシチだった。これまで、ロシアの安食堂で、何回か食べた。それに似ていた。啜ってみた。

「いけるじゃないですか」

僕は思わず声を発してしまった。

「優しい味です。ビーツって土の味がするって、どこかに書いてありました」

「土の味？」

「なんとなく」

「ビーツの甘さが優しい味をつくっている気がする。でも、このサワークリームというか、クリームに酸味がまったくない。これってサワークリームじゃなかったか

なんだかしっくりこない味わいのビーツとリンゴのサラダだった

も」

　これまでロシアではさまざまな料理を口にしてきた。多くが優しい味だった。アジアの料理のようなパンチはないが、心が暖かくなる。日本人の味覚に合っている気がしていた。その味のベースにビーツがあるのではないか。その味の満足な味が再現できたことで調子に乗り、つい妄想が膨らんでしまう。土の味……。いい響きではないか。ロシア料理の優しさはビーツの土の味。
　勢いに乗って、ビーツとリンゴのサラダもつくってみた。ビーツは生でも食べることができるという。つくり方は単純で、ビーツとリンゴを千切りにして和えればいい。ビーツで検索するとレシピが出てきた。

しかしこれはどうってことはなかった。ビーツは味わい深いのだが、リンゴとは別世界の味覚という気がした。つくり方が下手なのかもしれないが。

しだいに毎日のペースが決まっていった。朝はハムと卵でハムエッグ。昼は外に出ることが多く、カフェやセルフサービス式の安い食堂ですませた。料理をしたのは主に夕食だった。一日目と二日目はスーパーの惣菜、三日目はボルシチをつくった。

四日目＝ホルムスクに出かけ、寒さに疲れて料理をする気力がなかった。スーパーの惣菜コーナーで、サケの白子のフライ、切り昆布のキムチ風和え物を買った。後述するが、サハリンには朝鮮系の人がかなり暮らしている。惣菜コーナーもキムチが充実している。

五日目＝コルサコフで買った花咲ガニとスーパーで買ったサラダ。

六日目＝コルサコフに出かけたとき、花咲ガニを売っていた魚屋で、オヒョウのようなカレイ系の魚の切り身を買っていた。これを入れてボルシチ鍋をつくってみようということになった。天気がよく、マイナス十四度の寒い一日だった。日本人は寒くなると、つい鍋という発想に行きついてしまう。ボルシチが思った以上にうまくできたので、その合体を試みたのだ。

ビーツは長く煮ないと柔らかくならない。鍋にする前に、ボルシチをつくる要領でビーツを煮た。阿部カメラマンが、

「この魚、鍋に入れると、どろどろになってしまうかもしれないなぁ。事前に少し焼いたほうがいいかもしれない」

と口にした。料理のセンスは彼のほうがある。フライパンに油を引いて焼いてみた。いいにおいが漂ってくる。それを眺めながら、ふと思った。

「この魚は焼いたままで食べたほうがおいしいかもしれない」

阿部カメラマンも同意見だった。急遽、鍋は撤回。白身魚のソテーとボルシチになった。スーパーの惣菜コーナーで買った茹でジャガイモにディルをまぶしたものも添えた。

七日目＝昼は出かけたので、スーパーの惣菜夕食。ロールキャベツとイカサラダ。イカサラダは逸品だった。やや酸味のある味つけで、たっぷりのディルがまぶされていた。

八日目＝最終日で、食材が残ることを気にして、この日もスーパー惣菜。魚のフライとサラダだった。

7日目の夕食。ロールキャベツ、イカサラダ。惣菜コーナーのレベルは高い

油で焼いた白身魚。煮るつもりだったが、ソテーに方向転換して正解の味

こうして振り返ると、スーパー惣菜オンパレードである。メニューが多く、毎日、並ぶ惣菜が変わるから飽きることはない。十二万円で海外で暮らすには、ロシアはいい。しかし、つくった料理はボルシチだけ、というのも……。いろいろなロシア料理を調べてみたが、どれもピンとこない。僕らが知っているロシア料理は意外なほど少なかった。

ユジノサハリンスク四日目、僕らはホルムスクに出かけた。ユジノサハリンスク駅前からマルシュルートカに乗り、一時間半ほどかかった。ホルムスクは間宮海峡に面した港のある街だった。以前、この港から大陸側のシベリアにあるワニノに向かう船に乗ったことがあった。そのときはまだ、いまのように自由に旅をすることができなかった。船が出航する前夜に、旅行会社が予約したホルムスクのホテルに入り、翌朝、港から船に乗った。ホルムスクでの時間はあまりなかった。

この街で見たいところがあった。旧王子製紙の真岡工場の廃墟だった。ホルムスクは日本時代の真岡だった。

日本ではサハリンを樺太《からふと》と呼んでいた。日露戦争後のポーツマス条約で、北緯五十度以南は日本領になった。一九〇五年のことだ。そこに進出したのが華太工業という製紙会社だった。その工場がホルムスクに建設され、一九一九年に操業をはじめている。その後、紆余曲折を経て王子製紙になった。王子製紙は合併や吸収を繰り返し、戦前は日本の製紙分野の八割を占める大企業に成長した。大王子製紙と呼ばれていた。終戦後は財閥解体の対象にもなっている。真岡工場は、旧ソ連の製紙工場として使われていたようだ。しかし一九九〇年代には操業も終わり、いまは廃墟になっていた。

真岡工場跡は、港から歩けば二十分ほどのところにあった。しかしその日の朝の気温はマイナス十二度。かなり寒かった。ホルムスクは海に面していて、ときおり強い風が吹く。それに晒《さら》されると体感温度はさらにさがる。港のターミナル前には、寒さを防ぐために丸くなったハトが二、三十羽うずくまり、まったく動かない。こんなハトをはじめて見た。グーグルマップを頼りに工場跡を訪ねようと思った。しかしコートからスマホをとりだすと、すぐに画面が真っ黒になってしまう。寒さでダウンしてしまうのだ。そのなかを歩いて向かう気にはとてもなれなかった。

タクシーに乗った。いとも簡単に工場跡に着いてしまった。

本当に廃墟だった。こういう表現がいいのかわからないが、これほど廃墟らしい廃墟ははじめてだった。とにかく建物が大きい。四、五階建てのビルである。塔の

ホルムスクの港の前の通りが中心街。店が並ぶのは500メートルぐらいですが

手でつかむことができそうなハト。寒さのなか、まったく動かない

迫力の廃墟。残った
壁には、いくつもの
弾痕がある

ように見えるのは給水施設だろうか。しかし内部は荒れ果てたがらんどうである。野良犬が顔を出してもおかしくない。

寒さのなか、廃墟を見あげていた。これがサハリンのもうひとつの顔だった。日本領になったサハリン南部に、多くの日本人が渡った。針葉樹を求めて進出した製紙業は、サハリンの基幹産業になった。戦前、九カ所の製紙工場があったという。当時の写真には、日本風の街並みが残されている。幟《のぼり》が何本も立ち、風景も輝いている。

真岡もそうだった。当時の人口は三万人ほど。日本人の手でインフラも整っていく。鉄道が敷かれ、ダムがつくられ、製紙業用の水や生活用水に使われるようになる。政治的には不安定さを抱えていたが、そこに生きる日本人は生き生きとしていた気がする。その象徴が、真岡では、王子製紙の工場だった。廃墟は、その記憶をいまに留めようとしているのかもしれないが、あまりに無残だった。

真岡は日本敗戦後、悲劇の舞台にもなる。この街は、ソ連軍の艦砲射撃に晒される。そのなかで、真岡郵便電信局事件が起きる。

八月二十日、ソ連軍が上陸すると、勤務中の女性電話交換手十人が青酸カリを飲み、九人が死亡した事件である。その日の真岡は、実弾が飛び交う戦場でもあった。

王子製紙の廃墟から港のターミナルに戻った。目の前のソヴィエツカヤ通り、かつての旧本町通りを左に少し行ったところに、真岡郵便電信局があった。慰霊碑があるという話もあった。郵便電信局があった場所はいまアパートが建ち、一階は銀行になっていた。アパートの建物をぐるりとまわってみたが、慰霊碑はみつからなかった。

真岡は日本への引き揚げ船が出航した港でもあった。かつて豊原と呼ばれたユジノサハリンスクやサハリンの東側に住んでいた日本人は、旧大泊、いまのコルサコフから出航する引き揚げ船で北海道に向かった。サハリンの西側のホルムスクや旧恵須取《えすとる》のウグレゴルスクなど、西側から避難する人たちは、真岡の港をめざした。この港から引き揚げた人々は二十八万人にのぼっている。

引き揚げ——。それはサハリンにもうひとつの事態を生んでいた。ホルムスクを訪ねた翌日、コルサコフに向かった。その日も寒かった。晴れてはいたが、道を歩くと、足先や指先がじんじんと痛くなる。ユジノサハリンスクから乗ったマルシュルートカは、港の手前が終点だった。そこからゆるやかにカーブする道をのぼっていくと、望郷の丘に出た。そこからコルサコフの港がよく見える。

ここを訪ねたのは二回目だった。道からの眺めには、いつもうっとりとする。半島に囲まれたコルサコフは、波が穏やかな良港であることがよくわかる。この丘に、朝鮮人望郷の丘碑がある。

戦前、朝鮮半島の人々は出稼ぎや徴用でサハリンに渡った。そこで一九四五年を迎えることになる。彼らも引き揚げの対象にはなったのだが、日本敗戦後の朝鮮半島事情が、引き揚げを阻むことになってしまうのだ。

朝鮮半島で起きた戦争を経て、半島は南北に分断されてしまう。南側の韓国は反共色を強くしていた。ソ連や中国寄りの朝鮮民主主義人民共和国、つまり北朝鮮と対峙《たいじ》する構造が横たわっていた。韓国はソ連との国交を断っていた。サハリンは全島、ソ連が管理するエリアになっていたから、引き揚げ事業は暗礁に乗りあげてしまった。サハリンに残留した朝鮮系の人々の多くが、朝鮮半島の南側の出身だったこともマイナスに作用した。

朝鮮人望郷の丘碑は、そんな情況に置かれてしまった彼らが建てた。朝鮮半島に思いを駆せる場所である。しかしその間には、日本があるのだが。

ユジノサハリンスクにホルムスク、コルサコフといった街を歩いていると、しばしば朝鮮系の人を目にする。とくに店員に多いだろうか。スーパーの惣菜コーナーには必ずキムチが置かれている。彼らのなかには、戦後、友好関係にあった北朝鮮

望郷の丘からの眺めはいいが、寒かった。帽子？　コルサコフで買いました

朝鮮人望郷の丘碑。いまは韓国からの観光客もサハリンにやってくる

から出稼ぎ労働者として渡ってきた人もかなりいる。彼らと、戦前にサハリンにやってきた人を含めて、在樺コリアンとも呼ばれる。日本国内と同様の構図がサハリンにも横たわっているわけだ。

サハリンは北海道の北、ユーラシア大陸の東側にある辺境の島というイメージの割には、周辺国の領土争いに巻き込まれてきた。それは、サハリンがユーラシア大陸とつながっていない島であるためのように映る。

日本人の多くは、サハリンというと間宮林蔵を思いおこす。間宮林蔵は江戸時代の後期、サハリンを探索する。一回目は一八〇八年。彼は松田伝十郎とサハリンに渡り、それぞれ東と西に分かれ、海岸線を北上していく。最終的に落ち合えれば、サハリンは島であることが証明できるという、あまりにアナログ的な探索だった。しかしこの試みは失敗する。その翌年、間宮は単身、サハリンに向かい、島であることを証明するのだ。

そう、当時、サハリンは島なのか、大陸と接した大きな半島なのかもわかっていなかった。もし半島なら、ユーラシア大陸のシベリア側に勢力をのばしていたロシアや清《しん》の領土という認識に傾いていく。しかし島なら……。サハリン探索を進めたのは日本だけではなかった。東南アジアや中国へ進出していたヨーロッパの列強も興味を示している。実際、フランスの船は、いまの間宮海峡に分け入っている。そのまま船が進んでいけば、サハリンは島だとわかるからだ。それぞれの腹のなかには、サハリンへの進出計画が潜んでいた。

サハリンが島であることの証明レースの一等は間宮林蔵だった。彼はサハリンの先住民族であるアイヌ系の人々、オロッコとも呼ばれるウイルタ、エヴェンキ、ギリヤークともいうニヴフの協力を得て探索を進めた。間宮は北海道の国後島《くなしり》、択捉《えとろふ》島などに派遣され、伊能忠敬に測量技術を学んでいる。その後も北海道で働くことが多かった。その間に身につけたアイヌ語が強みだったという。

サハリンが島だとわかると、周辺国が触手をのばしはじめる。ロシア皇帝は一八六九年、サハリンを流刑地にする指令を出す。サハリンがロシアの領土であることを示す目的もあったのだろう。

流刑地としてのサハリンの様子は、アントン・チェーホフの『サハリン島』（岩波書店）という旅行記を読むとわかってくる。チェーホフといえば、劇作家、小説家といった顔が前面に出てくるが、『サハリン島』の文章には、創作の色あいがなにもない。

サハリンに送られてくる囚人のなかには、比較的軽い犯罪に手を染めた人もいた。

彼らや模範囚は、刑務所のなかを自由に歩くことができた。サハリンに滞在するチェーホフの世話係も囚人だった。彼はある怖さを感じていた。全員が囚人という特殊な世界だった。

ユジノサハリンスクのサハリン州郷土博物館の建物の周りには、サハリンに残された歴史的な碑や先住民の住居などが屋外展示されていた。復元されたものもあったが、碑などはそのままそこに移されていた。中川並木と刻まれた石碑もあった。日本の小さな戦車も展示されていた。そのなかに、流刑地時代の囚人の住居があった。木造の簡素なものだった。そこにあったパネルの説明では、この種の小屋が三万棟もあったと記されていた。

日本が明治時代に入ると、サハリンをめぐり、ロシアとの綱引きが激しさを増していく。一八七五年（明治八年）、日本とロシアは「樺太千島《ちしま》交換条約」を結んでいる。日本人とロシア人が混じって暮らしていたサハリンを、領土的に明確にする目的があったからだ。ここでは、サハリンでの日本の権益を放棄する代わりに、千島列島をロシアが日本に譲渡する条約が結ばれている。しかしこのときの条文内容が、いまの北方領土問題を複雑にしている。この条約のなかでいう千島列島とは、どこからどこまでなのか……という点だった。そしてその後の日露戦争と太平洋戦争のなかで、サハリンの土地は日本に寄ったり、ロシアに近づいたりしながらいまに至っている。太平洋戦争後のサンフランシスコ平和条約で、日本は北緯五十度以南のサハリンと千島列島のすべての権利、権限及び請求権を放棄している。しかしここでいう千島列島は、ウルップ島以北の島々という認識を日本はもっている。ソ連・ロシアは、サンフランシスコ平和条約の締約国ではないこともあり、外務省のホームページには、

——サンフランシスコ平和条約上、南樺太及び千島列島の最終的な帰属は将来の国際的解決手段に委ねられることとなっており、それまでは、南樺太及び千島列島の最終的な帰属は未定であるというのが従来からの日本の一貫した立場です。

と記されている。

僕らは毎夜、アパートの一室で夕食をとっていた。ビールを飲み、仄かな酔いのなかで、窓の外を眺めることが多かった。

室内は集中暖房でいつも心地いい温度に保たれていた。薄手の布団をかけて寝たが、夜なかに目が覚めることが多かった。暑さで起きてしまうような気がした。東

京では寒い夜も、部屋の暖房は切って寝ていた。厚い布団にくるまって寝る……それが僕の就寝スタイルだった。多くの日本人がそうしているように思う。しかしそれは、気温がさがっても、気温零度前後という地域の就寝法だった。しかし、マイナス十度を下まわるエリアは、部屋を暖めないとつらい。体の温度調節がうまくいかなかったのかもしれない。

六十五歳にもなると、夜なかにいったん目が覚めてしまうと、なかなか寝つけないことがある。寝室の外側はサンルームになっていた。寝室との間はドアで仕切られ、ベランダにはしっかりとした窓がついていた。冬の間、洗濯物はここに干すのだろう。屋外に出すと凍ってしまう。ドアを開け、ベランダに出るとすでにかなり寒かった。ベランダの窓を開けると、マイナス十度以下の寒気がサーッと入ってくる。目の前はアパートの駐車場で、雪を屋根に載せた車が横並びに停まっている。

静かだった。音はなにもしない。空気は澄んでいる。街には車が少なくないから、空気が山のなかのようにきれいというわけではない。しかし寒さのせいか、隅々までくっきりとした透明感に支配されている。その空気に触れたとき、宮沢賢治を思いだした。

朝、身じたくを整えて外に出る。気温が低いときは、かなり勇気のいることだっ

借りたアパートの前。この写真から透明感、伝わるかなぁ

た。室内と外では三十度近い温度差があった。アパートを出、コルサコフで買った毛糸の帽子をかぶり、手袋をつける。寒気に触れた体は縮こまるのだが、脳は覚醒し、頭がよくなった気になる。

寒気は少しずつ体内に入ってきた。呼吸をするうちに、肺や食道がしだいに冷えていく感覚がわかる。この時間帯、体はストレスを受けている気がする。違和感があるのだ。何回か咳《せ》きこみ、しだいに体が落ち着いてくる。十分から二十分……ようやく体が寒さになじんできた頃から、指先や足先が痛くなってくる。

寒さと空の澄みぐあいは比例してい

た。気温が低くなるほど、空の青さが増す。それが冬のサハリンの気候のようだった。やっと落ち着いた体で街を見渡す。空気がきらきらと輝いている。屋根の雪が舞い、その粒に朝日が反射する。それを見たときに閃輝暗点《せんきあんてん》が起きたのかと思ったほどだ。この透明感はなんだろうと思った。再び宮沢賢治の文章を思いだした。

入眠書というものがある。眠る前、布団に入って開く本だ。心を安らかにしてくれる本がいい。睡眠導入本といってもいいかもしれない。ある時期、僕の入眠書は宮沢賢治だった。『銀河鉄道の夜』『風の又三郎』『春と修羅』……宮沢賢治の作品ならなんでもよかった。『現代日本文學大系27　高村光太郎・宮沢賢治集』（筑摩書房）から引用してみる。

「このぼんやりと白い銀河を大きないい望遠鏡で見ますと、もうたくさんの小さな星に見えるのです。ジョバンニさんさうでせう。」

ジョバンニはまっ赤になってうなづきました。（『銀河鉄道の夜』より）

これらについて人や銀河や修羅《しゅら》や海胆《うに》は宇宙塵をたべ　または空気や塩水を呼吸しながら　それぞれ新鮮な本体論もかんがへませうが　それらも畢竟《ひっきょう》ここ

ろのひとつの風物です

（『春と修羅』より）

宮沢賢治は難しいというが、僕にはあまり関係のないことだった。意味を理解するというより、彼がつくりだす透明感のある世界に浸れればよかった。冬の大三角形を見あげるときのように。僕の入眠書の宮沢賢治ブームは二、三年続いただろうか。その次に寝る前に読むようになったのは『ファーブル昆虫記』だった。

サハリン行きを決めた理由のひとつが宮沢賢治だった。彼は一九二三年（大正十二年）、ユジノサハリンスクの北にあるドリンスク、そしてその先のスタロドゥプスコエを訪ねていた。当時、前者は落合といい、後者は栄浜《さかえはま》と呼ばれていた。

ユジノサハリンスク駅前のターミナルから、ドリンスクに向かうマルシュルートカに乗った。

これまでホルムスクとコルサコフを訪ねていた。ユジノサハリンスクを出て、三十分ぐらいは工場や住宅が続いていたが、ドリンスク方面はいきなり白樺林になった。この道はサハリン北部のノグリキを結ぶ鉄道に沿うようにつくられていた。この島は北に向かうにつれ、人の密度が減っていく。

穏やかな天候だった。朝の気温はマイナス六度だった。気温があがると雪になる。

天気予報を見ると、稚内は雪だった。その雪雲がやがて北上してくる。午後から雪が舞うのかもしれなかった。一時間ほどでドリンスクに着いた。鉄道駅前の広場がバスの発着場になっていた。完成してそれほど年月がたっていない小ぎれいな低層ビルが並んでいた。日本時代の面影はどこにもない。

ここからスタロドゥプスコエまでは十キロほどの距離だった。バスがあるような気がしたがどこにも見あたらず、近くで客を待っていたタクシーと交渉した。初老の運転手だった。三百ルーブル、約五百十三円で行くという。乗り込むと、運転手は、

「日本人？　私はキタイですよ」

といった。キタイとは中国やその一部を指す。契丹《きったん》が語源だという。しかしサハリンでは、朝鮮系の人たちが、自分たちをキタイということがある。契丹人のエリアはいまの北朝鮮と接している。そのあたりという意味で便宜的に使っているのかもしれない。

親切なおじさんだった。ドリンスク駅近くにある旧王子製紙の廃墟も案内してくれた。その建物は、ホルムスクの旧王子製紙跡より大きく映った。スタロドゥプスコエへの道から脇道に入り、墓地の奥にある「追憶の碑」にも連れていってくれた。

スタロドゥプスコエへの道。オホーツク海にぶつかる道だが、妙に立派だった

これは旧落合で亡くなった人々の慰霊碑だった。

　そこから十分ほど走っただろうか。目の前に海が見えてきた。オホーツク海だった。ときどき薄日が海を照らしていた。冬のオホーツク海とは思えないほど静かだった。浜に降りてみた。海草が砂の上に数十メートルにわたって堆積していた。そこに降った雪が解けずに載っている。

　気温はマイナス五度ほどである。風が吹くとやはりつらい。浜の横が港だった。フェンスに囲まれ、港のなかには入ることができなかったが、その脇に立つとフェンスが風を防ぎ、少し楽だった。そこからわずかに港が見えた。

防潮堤は半分近くまでがちがちに凍っていた。海も空も澄んでいた。遠くの山の雪や、風に抗うように飛ぶカモメもくっきりと見える。その透明な世界が想像力をかきたてる。

宮沢賢治がサハリンにやってきたのは夏だった。地元の花巻を出発し、青函連絡船で北海道に渡った。そこから延々と鉄道に乗って稚内に向かう。旭川から稚内に向かう路線は、開通したばかりだった。

稚内から連絡船「対馬丸《つしままる》」に乗って宗谷海峡を渡り、当時は樺太と呼ばれたサハリンのコルサコフ、当時の大泊に上陸している。宮沢賢治の旅には一応、目的があった。教鞭をとる農学校の教え子の就職を、大泊にもあった王子製紙で働く先輩に依頼することだった。しかしそれは口実だったようにも映る。午前中に先輩に会い、午後の列車に乗り、スタロドゥプスコエ、当時の栄浜に向かっている。当時、その終点が栄浜駅だった。日本の日本はサハリンに鉄道を敷いていった。当時、その終点が栄浜駅だった。日本の最北端の駅ということになる。

宮沢賢治の目的地は、この栄浜だった気がする。

彼はその八カ月ほど前、妹とし子を失くしている。妹は結核を患い、闘病生活を続けていた。彼は押入れに顔をいれ「とし子、とし子」と号泣したという。二十六

スタロドゥプスコエの浜は琥珀がとれる。探している人をふたり見た

ドリンスクのカフェに日本時代の写真が掲げてあった。落合駅の外観

歳のときだった。

彼の旅を、「とし子の魂の行方を探す」と解説する研究者は少なくない。しかし、そんな安易な言葉では語れないものがある。とし子の死を前に、彼は『永訣の朝』という詩を残している。その一部にこんな言葉を記している。

おまへはわたくしにたのんだのだ
こんなさっぱりした雪のひとわんを
わたくしをいっしゃうあかるくするために
死ぬといふいまごろになって
ああとし子
みぞれはびちょびちょ沈んでくる
蒼鉛《そうえん》いろの暗い雲から

宮沢賢治は双極性障害だったといわれる。しばらく前まで躁鬱《そううつ》病といわれたものだ。その心の揺れを僕はわからないし、知ったかぶりもできない。

青函連絡船に乗って北海道に渡り、日本の鉄道の最北端をめざす。その行動は、身内を失った人にしたら、どこか単純なロマンチストの行動にも映る。最北の駅という言葉にはステレオタイプのイメージが重なる。意外と宮沢賢治もそうだったのかもしれないが、彼が冷静に、自分の詩歌を評価していたとしたら、それらを結ぶキーワードは透明感のような気もするのだ。いや、二十六歳でそこまでの分析は難しいし、彼はそういうタイプでもなかった。双極性障害とサハリンの空気がもつ透明感がシンクロしたということではないかと思う。それほどまでに、スタロドゥプスコエの海岸にはくっきりとした風景が広がっていた。

宮沢賢治はこの海岸を散歩し、『オホーツク挽歌』という詩を残している。

白い片岩類の小砂利に倒れ
波できれいにみがかれた
ひときれの貝殻を口に含み
わたくしはしばらくねむらうとおもふ

難しい詞だというが、僕は宮沢賢治の作品に流れる透明感に浸れればいいと思っている。スタロドゥプスコエの海岸の風景が、あまりにくっきりとしていたことに軽い驚きを感じてしまった。

サハリンの旅から帰った翌年、宮沢賢治は『銀河鉄道の夜』を書きはじめている。スタロドゥプスコエの海岸で物語が生まれたのではないか、という人もいるが、その説には彼のファンの思い入れが少し入っている気がする。

海岸に沿った道に立っていると、約束の時刻の十分前に、海岸まで送ってきてくれたタクシーが現れた。一時間半後に来てほしいと頼んでおいた。車内はとろけるぐらいに暖かかった。

コラム　ロシアのビザ

ロシアの旅はほぼ自由になった。以前、サハリンを訪ねたときは、すべて日本の旅行会社を通さなくてはビザをとることができなかった。そのためには、往復の航空券、宿泊ホテル、列車のすべてに予約を入れ、料金を払いこまなくてはいけなかった。

そして、その日程通りに行動しなくてはならなかった。旅の費用も、さまざまな手数料が加わり高額になった。ホテル代は、実際の料金の五倍近い金額を払わなくてはならなかった。

ロシアのビザをとるためには、旅行会社が発行する旅行確認書といった意味になるバウチャーというものが必要だったのだ。そのため、すべてを旅行会社に委ねなくてはいけなかったのだ。

ロシアのビザをとる流れが変わったわけではなかった。しかし千五百円ほどを払えば、バウチャーを発行してくれる会社が登場した。それはロシアのサンクトペテルブルクにある会社だった。ネットを通じて、架空の旅行内容を打ち込み、クレジットカードで手数料を払うと、ネットを通してバウチャーが送られてきた。それをプリントし、申請書とパスポートを持参してロシア大使館に行くとビザを受けとることができるようになった。俗に空《から》バウチャーと呼ばれるものだ。サンクトペテルブルクの会社は、ロシア大使館と通じていた。架空の訪問都市、たとえば訪ねる予定のないイルクーツクの街を選ぶと、勝手にホテルが決まった。すべて嘘だから問題はなかった。体裁を整えているだけだった。

このカラクリは画期的だった。こうしてロシアのビザさえとってしまえば、その先は完全に自由になった。自分で航空券を予約し、ネットを通じてホテルを探せばよかった。日本人の場合、ウラジオストクに限り、自分で電子ビザをとることもできるようになった。ロシアの旅は自由度を増しつつある。

もちろん今回も、空バウチャーを使ってサハリンに行くビザをとった。しかしトラブルも多かった。

まずサンクトペテルブルクの会社への手数料の支払い。クレジットカードでの支払いに何回もトライしたが、なかなか決済ができない。その会社に何回か電話をした。結局、ペイパルなら支払うことができるはずということになり、

帰路もウラジオストク乗り換え。荷物はちゃんと成田に届いた

ペイパルのアカウントをつくって支払った。そのやりとりに一週間もかかってしまった。

　ロシア大使館への申請も、インターネットでの予約制になった。アクセスすると、一カ月ほど先まで予約が入らない表示が出てきた。さてどうしようか。すると、「検討中」というメールがロシア大使館から届いた。そういわれても困るのだ。

　二〇一九年、東京にロシアビザセンターが開設された。ロシア大使館のホームページを見ると、このビザセンターへの誘導がはっきりと読みとれる。しかしビザセンターを通すと、ビザ発給料金以外に観光の場合は代行料金として四千五百円を払わなくてはならない。

数日待ち、再度、ロシア大使館のサイトにアクセスすると、三日後の申請を予約することができた。大使館なら、ビザ発給料金以外はかからない。今後、ロシアビザセンターに一本化させていく予感もする。どこか不穏なロシアビザ事情である。

明細書

＊両替レートは時と場所によって多少異なるため、総計額と差がでる場合がある。

２０１９年11－12月

1ロシア・ルーブル＝約1・71円

飛行機（東京⇔ユジノサハリンスク往復）……４万７２７８円
アパート代（ユジノサハリンスク。８泊）……２万２３６円

■１日目
タクシー（空港→市内）……１５０ルーブル
夕飯（スーパー惣菜）……２５０ルーブル
ビール……１５０ルーブル

■２日目
昼食……３００ルーブル
夕飯（スーパー惣菜）……４３２・75ルーブル
ビールなど……２５３ルーブル

■３日目
昼食……１１５ルーブル
ボルシチ材料……２２５ルーブル
夕飯（スーパー惣菜）……２９６ルーブル

■４日目
マルシュルートカ（ユジノサハリンスク→ホルムスク）……３００ルーブル
昼食……２７５ルーブル
タクシー……１２５ルーブル
マルシュルートカ（ホルムスク→ユジノサハリンスク）……３００ルーブル
夕飯（スーパー惣菜）……２４４・５ルーブル

■５日目
マルシュルートカ（ユジノサハリンスク→コルサコフ）……１３５ルーブル
コーヒー……１５０ルーブル
帽子……３００ルーブル
昼食……３２５ルーブル
花咲ガニ……４３７・５ルーブル
魚……１５１ルーブル
マルシュルートカ（コルサコフ→ユジノサハリンスク）……１３５ルーブル
夕飯（スーパー惣菜）……３７５・５ルーブル

■６日目
動物園入場料……２００ルーブル

サハリン州郷土博物館入場料……200ルーブル
昼食……330ルーブル
夕飯（スーパー惣菜）……302ルーブル

■7日目
マルシュルートカ（ユジノサハリンスク→ドリンクス）……100ルーブル
タクシー……150ルーブル
タクシー……150ルーブル
昼食……235ルーブル
マルシュルートカ（ドリンクス→ユジノサハリンスク）……100ルーブル
夕飯（スーパー惣菜）……298・5ルーブル

■8日目
有料トイレ代……20ルーブル
昼食……330ルーブル
夕飯（スーパー惣菜）……297・5ルーブル

■9日目
タクシー（市内→空港）……170ルーブル

計
日本円……6万7514円
ロシア・ルーブル……8308・25ルーブル
総計……8万1721円

あとがき

本書は『12万円で世界を歩くリターンズ——赤道・ヒマラヤ・アメリカ・バングラデシュ編』に続く一冊。タイ、北極圏、中国の長江をめぐり、そしてサハリンに滞在している。

このシリーズは、三十年前に発刊された『12万円で世界を歩く』のコースをなぞるように歩いている。予算はやはり十二万円だが、三十年という年月は、なかなか以前のコースを歩かせてはくれない。カナダ西部でひたすら乗ったグレイハウンドは撤退。北極圏への道は、途中まで飛行機に頼ることになってしまった。中国の長江は、その流れを遡る船が軒並みなくなっていた。長江に限れば、三十年前に船で遡上した距離の十分の一も乗ることができなかった。

そんな旅を続けながら、いつも突きつけられるのが三十年という時間である。

カナダのそれは停滞の三十年だった。北極海への道は長い。途中から未舗装路になり、減っていくガソリンを気にしながら走らなくてはならなかった。デンプスター・ハイウェーと名づけられたその道は、イヌビクまでは七百キロを超える距離があった。その間にガソリンスタンドは二カ所あった。三十年前もやはり二カ所。その場所もまったく同じだった。

住む人が少ないエリアとはいえ、アジアでは考えられないことだった。アジアの感覚でいけば、三十年の間に、ガソリンスタンドは倍以上になり、途中の街の人口は何倍にも膨らんでいるはずだった。

三十年の間に、タイが置かれている環境は大きく変わった。当時は末期とはいえ、東西分裂の構図が国境を支配していた。隣国に陸路を通っていくことは難しかった。イデオロギーと少数民族問題が錯綜《さくそう》し、ときに知らない間に越境してしまうことはあったが、それは厳密にいえば密入国だった。

しかしいま、簡単に国境を越えることができるようになった。タイ国内での無資格労働や米中摩擦など、新たな問題が国境に影響を与えていたが。

ここ三十年の中国の経済成長は、あえて説明する必要もないだろう。三十年前の中国は、まだ途上国の色が濃く、貧しさが路地や市場に漂っていた。しかし解放政策のなかで、まるでビッグバンのような成長の軌跡を残すのだ。いまや世界を動かすほどの経済力をもつようになった。上海に摩天楼ともいわれる高層ビル群が出現することなど、鑒真というバックパッカーご用達船で日本から向かった僕には、想像すらできなかった。

ロシアのサハリンに一週間暮らしてもいる。三十年前、自由に滞在できる国ではなかった。旧ソ連が崩壊し、社会不安に覆われたロシアは、気軽に旅ができる国ではなかったのだ。ロシアの旅は、すべてロシアと日本の旅行会社の手配を経なくてはならず、十二万円という予算枠には入ってこなかった。しかしいまは、完全な自由旅行ができる。旅ということを考えれば、いちばん自由度が増した国かもしれない。

三十年という歳月は、これほどまでに旅を変えるものらしい。

本書の旅には、阿部稔哉カメラマンが同行してくれた。出版にあたり、朝日新聞出版の大原智子さんのお世話になった。

二〇二〇年二月

下川裕治

12万円《まんえん》で世界《せかい》を歩《ある》くリターンズ　朝日文庫
タイ・北極圏《ほっきょくけん》・長江《ちょうこう》・サハリン編《へん》

2020年3月30日　第1刷発行

著　者　下川裕治《しもかわゆうじ》

写　真　阿部稔哉《あべとしや》

発行者　三宮博信
発行所　朝日新聞出版
〒104-8011　東京都中央区築地5-3-2
電話　03-5541-8832（編集）
03-5540-7793（販売）
印刷製本　大日本印刷株式会社

ISBN978-4-02-262005-7